THÈSE

POUR LE DOCTORAT. 3777

UNIVERSITÉ DE FRANCE.

ACADÉMIE DE PARIS.

FACULTÉ DE DROIT.

THÈSE
POUR LE DOCTORAT

L'acte public sur les matières ci-après sera soutenu le Jeudi 26 Février 1885,
à une heure de l'après-midi,

Par A. MOURON,

*Le candidat devra, en outre, répondre à toutes les questions qui lui seront
faites sur les autres matières de l'enseignement.*

MEMBRES DU JURY

PRÉSIDENT :   M. GARSONNET.

PROFESSEURS { MM. DUVERGER.
                  DESJARDINS.

AGRÉGÉ :   M. ESMEIN.

LILLE.
IMPRIMERIE L. DANEL.
—
1885

UNIVERSITÉ DE FRANCE.

ACADÉMIE DE PARIS.   FACULTÉ DE DROIT.

THÈSE
POUR LE DOCTORAT

L'acte public sur les matières ci-après sera soutenu le Jeudi 26 Février 1885,

à une heure de l'après-midi,

Par A. MOURON,

*Le candidat devra, en outre, répondre à toutes les questions qui lui seront
faites sur les autres matières de l'enseignement.*

MEMBRES DU JURY :

PRÉSIDENT :   M. GARSONNET.

PROFESSEURS :   { MM. DUVERGER.
                        DESJARDINS.

AGRÉGÉ :   M. ESMEIN.

LILLE,

IMPRIMERIE L. DANEL.

1885.

A MES PARENTS.

A MES AMIS.

DROIT ROMAIN.

DES ACTIONS PÉNALES.

DROIT ROMAIN.

DES ACTIONS PÉNALES.

C'est une notion élémentaire qu'un acte illicite de l'homme entraîne à sa charge deux responsabilités distinctes dont les conséquences sont bien différentes.

D'abord, il a violé la loi pénale, il a troublé l'ordre social, première responsabilité qui se traduit par des peines infligées au nom de la société, c'est l'objet du droit criminel, branche particulière du droit public.

En même temps qu'il a porté préjudice à la société, le délinquant a aussi lésé par son délit un intérêt privé : deuxième responsabilité, il lui faut réparer ce préjudice, de là des actions, qui ayant leur cause dans la nécessité de donner satisfaction à la victime du délit pour le dommage qu'elle a éprouvé, sont du ressort du droit civil.

Le droit romain ajoutait à ces actions qui tendent uniquement à la compensation du préjudice résultant du délit, des actions qui avaient pour but de donner à la victime du délit une indemnité pécuniaire, en outre de la réparation qu'elle avait

déjà pu recevoir. Il y avait bien là une peine infligée à l'auteur du délit, en ce sens que la somme qu'il était contraint de
payer n'était aucunement la représentation de la valeur que
le délit avait fait sortir du patrimoine de la victime de ce délit;
et c'est pourquoi ces actions sont appelés actions pénales.
Mais elles ne cessent pas d'appartenir au droit civil ; elles tendent à une indemnité donnée à un particulier sur le fondement
d'un intérêt privé, elle n'ont rien de commun avec les actions
du droit criminel.

Des deux responsabilités dont nous venons de montrer la
source et l'objet, la seconde seule, celle qui rentre dans le droit
civil doit nous occuper dans ce travail.

Nous étudierons dans un premier chapitre, les caractères
généraux des actions pénales.

Nous examinerons, dans un deuxième chapitre à qui appartiennent les actions pénales, contre qui elles sont dirigées et
comment elles s'éteignent.

Dans un troisième nous nous occuperons de certaines actions
pénales en praticulier.

Dans un quatrième nous étudierons la question du concours
des actions.

CHAPITRE PREMIER.

Caractères généraux des actions pénales.

Nous avons dit que le même fait donnait lieu d'abord à la réparation du préjudice causé par le délit et aussi à une indemnité pécuniaire au profit de la victime du délit ; en deux mots, une action *rei persecutoria* et à une action *pœnæ persecutoria*.

Avant d'entrer dans les détails, demandons-nous quels sont les faits qui peuvent donner ouverture à ces actions.

Ce sont les faits désignés sous les noms de délits. Leur caractère commun c'est leur caractère illicite, c'est aussi le seul qu'il soit intéressant de relever à notre point de vue, parce qu'il permet de les distinguer nettement des faits licites générateurs d'obligations.

Notons qu'il n'y a pas lieu de distinguer selon que l'obligation qui engendre l'action pénale est née *ex delicto* ou *quasi ex delicto*. Les jurisconsultes romains réservent le nom de délits aux infractions qui ont été prévues et punies par les lois anciennes. Ils appellent obligations nées *quasi ex delicto*, celles qui dérivent d'infractions que ces lois ne prévoyaient pas et qui n'ont été punies que plus tard par le préteur. Nous n'avons pas à insister sur ce point, les obligations naissant *ex delicto* ou *quasi ex-delicto* étant soumises aux mêmes règles.

Les unes et les autres donnent naissance comme nous venons de le dire :

A une action *rei persecutoria* ;

A une action *pœnæ persecutoria*.

L'action *rei persecutoria* tend à la *res*, à l'objet même du délit, à la réparation pure et simple du préjudice éprouvé par la victime du délit. Par exemple, au cas de *furtum*, ce sera l'action en revendication ou la *condictio furtiva*, parce qu'en principe, par ces actions, le volé ne réclame rien de plus que la réintégration dans son patrimoine de l'objet volé. L'adversaire pourra bien parfois être appauvri au-delà de la valeur qu'il a retirée du délit ; mais le demandeur ne poursuit et n'obtient aucun enrichissement.

Cet enrichissement, au contraire, il le poursuit dans l'action *pœnæ persecutoria*. Cette *pœna*, ce n'est pas la répression corporelle du délit, exercée criminellement au nom de la société. Ce n'est pas non plus la *pœna* de la *stipulatio pœnæ* qui n'est que l'évaluation conventionnelle des dommages-intérêts dus à raison de l'inexécution d'une obligation. Il s'agit ici d'une somme d'argent qui est enlevée à l'auteur du délit pour être remise à la victime. Celle-ci est enrichie au détriment de celui-là. Voilà la *pœna*.

A ces différences dans le but de ces deux classes d'actions, correspondent des différentes pratiques assez notables.

1° Les actions *rei persequendæ gratia* sont, en règle générale, transmissibles passivement et sont données contre les héritiers. Cela est vrai, du moins des actions personnelles car, quant aux actions réelles, les héritiers n'en sont tenus que s'ils sont eux-mêmes en mesure d'être défendeurs à une action réelle, c'est-à-dire, en principe, s'ils sont en possession. A l'inverse, les actions pénales s'éteignent par la mort du délinquant tant qu'elles n'ont pas été exercés et menées jusqu'à la *litis contestatio* (§ 1. Inst. de perp. et temp. act. lib. IV, t. 12).

Ce qui est tout à fait raisonnable, puisque celui-là seul doit payer la peine qui a commis le délit.

2º Supposons un délit commis par une personne *alieni juris*. Le *paterfamilias* ou le maître sera tenu des actions auxquelles donne lieu ce délit, mais d'une façon très différente selon les cas.

S'il s'agit d'une action *rei persecutoria*, il en est tenu *de peculio*, c'est-à-dire que la victime du délit a, pour obtenir réparation, la garantie de tout le pécule.

S'il s'agit d'une action *pœnæ persecutoria*, le *paterfamilias* ou le maître peut toujours se libérer en faisant simplement l'abandon noxal de l'auteur du délit, ce que l'on exprime en disant qu'il est tenu *noxaliter*.

Cette différence s'explique par les principes en matière de pécule. En constituant un pécule à une personne *alieni juris*, le *paterfamilias* ou le maître est censé l'autoriser à contracter et à s'obliger civilement, mais il ne peut être considéré comme l'ayant autorisé à commettre des délits.

La *condictio furtiva* donne ici lieu à quelque difficulté. Elle ne tend qu'à la *rei persecutio*. (L. 7, § 2, D. *de cond. furt.* lib. 13, t. I.) Conformément à ce que nous venons dire, elle doit se donner *de peculio*, lorsqu'elle résulte d'un *furtum* commis par une personne *alieni juris*. Seulement le *paterfamilias* n'est jamais tenu que dans la mesure de son profit.

(L. 3, § 12, D. *de peculio*, lib. 15, t. I.) Nous trouvons dans un texte que le père peut se libérer par l'abandon noxal de ce qui excède son profit. (L. 4, D. *de cond. furt.* lib. 13. t. 1.) Il ne faudrait pas en conclure que la *condictio furtiva* se donnât jamais *noxaliter*. Il est facile d'expliquer autrement le texte précité. Il faut admettre, en effet, que le jurisconsulte vise tout à la fois la *condictio furtiva* et l'action *furti*; or, celle-ci, action pénale, se donnait *noxaliter*.

3° Supposons plusieurs individus tenus de la même action à raison du même fait.

La satisfaction fournie par l'un d'eux éteint l'action *rei* persécutoire à l'égard de tous; et, en effet, le demandeur ne saurait être indemnisé plusieurs fois.

Au contraire, s'il s'agit d'une action pénale, tous les co-délinquants sont tenus *in solidum* et chacun n'est libéré que lorsqu'il a exécuté la condamnation pour le tout. Chaque dé-linquant doit, en effet, être puni.

Par exemple, deux personnes m'ont volé ma chose. La *condictio furtiva* ou l'action en revendication, action *rei persecutoriæ*, exercées contre l'un d'eux, sont éteintes à l'égard de l'autre. Mais l'action *furti* pourra être intentée successive-ment contre l'un et contre l'autre pour le tout.

Malgré ces différences, ces deux actions appartiennent, comme nous l'avons dit, au droit civil, et les actions pénales proprement dites elles-mêmes ne touchent aucunement au droit criminel. Elles sanctionnent seulement la responsabilité civile de l'auteur du délit envers la victime, et, à ce titre, sont des actions civiles, à tel point que ces actions pénales s'intentent, s'instruisent et se jugent en suivant les règles ordinaires de la procédure applicables aux actions civiles ordinaires.

Assez souvent les choses ne se présentent pas aussi simplement que nous venons de le dire, et nous avons encore à parler des actions mixtes et des actions pénales *a parte rei tantum*.

D'abord des actions mixtes.

Ce sont celles où les deux points de vue que nous avons séparés jusqu'ici sont réunis et confondus, celles qui poursuivent à la fois la *res* et la *pœna*, — telle est l'action *vi bonorum raptorum*, qui, nous le verrons, se donne au quadruple, et comprend, outre la réparation du préjudice, une peine du triple.

Comment traiter ces actions aux trois points de vue que nous avons étudiés ci-dessus? Il n'y a pas, à cet égard, de théorie générale dans les textes des jurisconsultes romains. On peut, toutefois, poser en règle :

1° Que les actions mixtes se donnent *noxaliter*. Cependant le *paterfamilias*, après l'abandon noxal, reste encore tenu jusqu'à concurrence de son profit ;

2° Ces actions ne sont pas données contre les héritiers du délinquant, si ce n'est dans la mesure de leur profit personnel ;

3° Quand elles résultent du fait de plusieurs personnes, elles s'éteignent par une seule satisfaction. Il y a cependant ici une exception notable, l'action *legis Aquiliæ*. (L. 11, § 2. D. *ad. leg. Aq.* lib. 9, t. 2).

Passons aux actions pénales *a parte rei tantum*. Cette appellation, étrangère, d'ailleurs, aux textes romains, désigne chez les commentateurs, certaines actions qui n'enrichissent pas le demandeur, mais qui sont réputées appauvrir le défendeur, parce que la condamnation par lui encourue n'implique pas qu'il ait réalisé un profit.

Il ne faut pas les confondre avec les actions mixtes qui sont pénales pour une part et à l'égard tant du demandeur que du défendeur. Ici il s'agit d'actions qui ne sont jamais pénales vis-à-vis du demandeur.

Cependant elles dérivent d'un fait illicite.

Les règles applicables à ces actions réfléchissent ces caractères spéciaux.

On peut dire, en général, qu'elles ne sont pas transmissibles passivement, si ce n'est pour le profit personnel des héritiers,—qu'elles se donnent *noxaliter* et qu'elles s'éteignent par une seule satisfaction fournie. (L. 4. § 6, D. *de al. jud. m. causâ*, lib. 4, t. 7. — L. 1. *quod fals. tut* D. lib. 27, t. 6. — L. 9. § 8 D. *de reb. auct. jud.*, lib. 42, t. 5).

Reste à indiquer quelles sont ces actions. Elles se réfèrent, en général, à l'idée du dol.

La plus importante est l'action *de dolo*, à laquelle il faut ajouter les actions qui l'ont précédée ou qui en ont resserré le champ d'application : celle dont est tenu le faux tuteur qui, par une autorisation donnée sans droit au pupille a induit en erreur les tiers (L. 7, pr. D. *quod fals. tut.* lib. 27. 6), celle qui résulte d'une aliénation faite *judicii mutandi causa,* celle qui est donnée contre le *missus in possessionem*, qui a frauduleusement diminué le patrimoine du débiteur. (L. 9. pr. D. lib. 42, t. 5), la revendication donnée contre celui qui a cessé de posséder par dol ou contre celui « *qui se obtulit liti* » (LL. 25, 26, 27. D. *de rei vind.* lib. 6, t. 1.

CHAPITRE DEUXIÈME

A qui appartiennent les actions pénales ? Contre qui sont-elles dirigées ? Comment s'éteignent-elles ?

I. — A QUI APPARTIENNENT LES ACTIONS PÉNALES ?

En principe, les actions pénales privées appartiennent à la partie lésée ; mais pour mieux nous rendre compte des règles de cette matière, il convient de distinguer entre les délits qui affectent la personne, et les délits qui s'appliquent aux biens.

Délits contre les personnes.

Le *paterfamilias* avait le droit, en tout état de cause, d'exercer les actions pénales mais, il n'en était pas de même des personnes *alieni juris*.

Lorsqu'un fils de famille avait été outragé, l'outrage remontait jusqu'au père, qui intentait contre le délinquant deux actions, l'une de son chef, l'autre du chef de son fils. Le délit d'injures pouvait même donner lieu à quatre actions. Si l'on admet que l'injure a été adressée à l'un de deux conjoints, placés sous la puissance de leurs pères respectifs, on aura quatre actions, deux du chef des époux et deux qui appartiendront aux parents.

Cependant il est des cas où, par exception, le fils de famille est relevé de son incapacité et peut être admis à exercer l'action d'injures. C'est ce qui arrive quand le père est absent et n'a pas laissé de mandataire pour le représenter. D'après Ulpien, il en est de même quand le père est en état de démence; ou bien encore lorsque le fils est une personne *honesta,* tandis que le père est une personne *vilis.* (L. 17 § 10, 11, 12 et 13 *de injuriis.* Lib. 47, t. 10).

Lorsque l'injure frappait un esclave, elle ne faisait pas à l'origine l'objet d'une action pénale. L'esclave n'était pas susceptible de ressentir l'affront, à moins que l'injure ne consistât dans des coups d'une gravité particulière : auquel cas une action appartenait au maître, *nomine servi,* contre le coupable. Mais plus tard on accorda une personnalité à l'esclave et alors le maître eut deux actions : l'une qui naissait dans sa personne, l'autre qu'il exerçait du chef de l'esclave. Si plusieurs personnes étaient co-propriétaires de l'esclave, l'action appartenait à chacune d'elle.

Si l'esclave était l'objet d'un droit d'usufruit ou s'il se trouvait entre les mains d'un possesseur de bonne foi, on attribuait de préférence l'action au propriétaire. Cependant, quand il résultait des circonstances dans lesquelles l'outrage s'était produit, que le délinquant avait eu l'intention d'offenser le possesseur ou l'usufruitier, le préteur leur délivrait l'action.

Enfin, l'injure adressée à la mémoire d'un mort permettait aux héritiers d'agir contre le délinquant ; mais il fallait que l'outrage eut été exclusivement inspiré par la haine. Une appréciation sévère du défunt n'était pas punissable.

Délits affectant les biens.

Quand les biens appartiennent à une personne *sui juris*, elle peut intenter l'action : Voilà le principe.

Mais l'action peut appartenir parfois à une personne *alieni juris*. C'est ce qui aura lieu lorsque le fils de famille aura souffert dans les biens dépendant de son pécule castrense ou quasi-castrense.

En effet, le fils a sur ces biens les mêmes droits qu'un père de famille, et il est considéré comme *sui juris*, en ce qui concerne l'administration et la disposition de ces pécules.

L'action pénale appartient en principe au propriétaire des biens, objet du délit. C'est à lui seul qu'appartient l'action *legis Aquiliæ*. Pourtant dans certains cas, elle appartient tantôt exclusivement aux détenteurs, tantôt concurremment aux propriétaires et aux détenteurs. C'est ce qui a lieu pour l'action *furti*.

Notons que l'action n'appartient au possesseur que lorsqu'il est de bonne foi. Elle n'est jamais accordée au possesseur de mauvaise foi, par exemple à celui qui a pris un objet d'une succession dans l'intention de l'usucaper. (L. 61, § 1. D. *de furtis*, lib. 47, t. 2).

L'action appartient au détenteur seul dans l'hypothèse suivante : lorsque c'est en vertu d'un contrat qu'il a la détention de la chose et lorsqu'il est responsable du vol. Ainsi le dépositaire et le précariste n'ayant que la responsabilité des fautes lourdes n'ont pas l'exercice de l'action. Au contraire, il appartient au mandataire, au commodataire et au locataire. L. 14 § 11. — § 12, 15, 16 et 17. *D. de furtis* Lib. 47 t. 2.

Cette faculté ne leur est toutefois accordée que tout autant qu'ils sont solvables : s'il en était autrement l'action appartiendrait au propriétaire. Mais Justinien a sur ce dernier point apporté des modifications au droit ancien. En toute hypothèse le commodant a le choix entre deux solutions : la procédure de l'action *furti* ou l'exercice contre le commodataire de l'action résultant du contrat de commodat.

Les détenteurs auxquels l'action appartient en même temps qu'au propriétaire sont les suivants : Le possesseur de bonne foi, l'usufruitier, l'usager et le créancier gagiste.

Le possesseur a intérêt à conserver la chose, ce qui lui permettra de l'usucaper. L'usufruiter et l'usager ont un intérêt qui repose sur le droit réel qu'ils ont sur la chose.

Quant au créancier gagiste, il a un double intérêt à la conservation de la chose, d'abord à cause de son droit réel, puis à cause de sa responsabilité vis à vis du débiteur. Il n'y a pas lieu de distinguer si ce dernier est ou non solvable, car l'intérêt du créancier existe dans les deux cas. Il lui est avantageux de vendre le gage et de se payer sur le prix, plutôt que d'avoir recours à la *bonorum venditio* et plus tard à la *bonorum distractio* pour se faire payer. Cet avantage subsiste même si une convention spéciale lui a enlevé la garde de la chose. Aussi pourra-t il même dans ce cas exercer l'action pénale.

Du bénéfice qu'il a retiré de l'action le gagiste ne peut garder que le montant de sa créance. Il doit remettre le reste au propriétaire qui dès lors ne peut plus agir contre l'auteur du délit par l'action pénale.

II. — CONTRE QUI S'EXERCENT LES ACTIONS PÉNALES PRIVÉES ?

Les actions pénales ne s'exercent que contre les personnes qui ont conscience de leurs actes. (L. 3, § 1. D. *de inj.* lib. 47, t. 1).

Un furieux n'est pas responsable à moins qu'il ne se trouve dans un intervalle lucide au moment où il commet le délit.

En ce qui concerne l'impubère il appartient au juge de décider s'il doit être tenu de l'action ou non. C'est lui qui examinera s'il est *doli capax*, s'il doit être considéré comme *pubertatis proximus* selon l'expression des jurisconsultes.

L'individu qui après avoir commis une infraction au droit pénal subit une *capitis minutio* n'en est pas moins obligé à raison de son acte (L. 2, § 3 *de capite minutis*. D. lib. 4, t. 5).

Faisons rémarquer enfin que les actions pénales qui dans le premier état de la législation s'appliquaient aux seuls citoyens romains furent par la suite étendues à toutes les classes de personnes. Les étrangers y furent soumis dans leurs rapports avec les membres de la cité et réciproquement.

III. — COMMENT S'ÉTEIGNENT LES ACTIONS PÉNALES.

Les actions pénales s'éteignent en principe par la mort du délinquant (Inst. § 1, lib. IV, t. 12). En effet, elles poursuivent une peine qui doit atteindre le coupable lui même et non ses héritiers. Mais il n'en est ainsi que des actions pénales proprement dites. Pour les actions mixtes elles poursuivent en même temps la peine et l'indemnité. Elles ne devraient s'éteindre que pour la partie qui concerne la peine. Telle n'est pourtant pas la solution du droit romain qui décide que l'action ne pourra être intentée contre l'héritier que jusqu'à concurrence du profit qu'il a retiré du délit. Ainsi il n'est pas tenu de réparer le préjudice causé si l'auteur n'a retiré de l'infraction aucun avantage.

La même solution est donnée par les textes pour les actions

pénales a parte rei qui ne poursuivent qu'une indemnité puisqu'elles ne doivent pas enrichir le demandeur. Ici encore l'héritier n'est tenu que de son profit (L. 26 de dolo D. lib. 4, t. 3).

Un pacte de *non petendo* peut éteindre les actions pénales. Je puis convenir par pacte que je ne réclamerai pas d'un voleur l'objet qu'il m'a pris (L. 7. § 14, D. *de pactis* lib. 2, t. 14) ou que je n'exercerai pas l'action d'injure (L. 27, § 4 même titre). Mais remarquons qu'il ne me serait pas possible avant que j'aie été victime d'un vol ou d'une *injuria* de convenir que je n'exercerai jamais l'action *furti* ni l'action *injuriarum*. Il y aurait quelque chose d'immoral dans un tel pacte qui aurait pour effet d'exciter à commettre des délits dont il aurait supprimé les moyens de repression (L. 27 § 4 déjà citée). Il faut sans doute étendre aux autres actions pénales ce que la loi 27 dit des actions *furti* et *injuriarum*.

Les actions pénales sont tantôt perpétuelles tantôt temporaires, selon qu'elles appartiennent au droit civil ou qu'elles ont été introduites par le préteur. Cette règle que Justinien formule pour les actions en général (Inst. Lib. IV. tit. 13, pr.) n'est exacte que pour les actions pénales auxquelles Paul la restreint (loi 35 pr. de obl. et act. D. lib. 44, t. 7). Le préteur a limité la durée des actions parce qu'il a voulu ainsi atténuer la rigueur qu'il avait montrée en créant des délits non prévus par le droit civil. — Il y a cependant une action pénale prétorienne qui est perpétuelle, c'est l'action *furti manifesti*. C'est qu'ici le préteur s'était montré plus indulgent que le droit civil en ne frappant que d'une peine pécuniaire un délit qui auparavant était puni de mort.

Il nous faut tenir compte de l'influence de la *litis contestatio* sur la durée des actions pénales. — Une fois qu'elle est intervenue, l'action est transmissible aux héritiers, même s'il s'agit d'une action purement pénale. Ceux-ci en sont tenu même pour la part qui excède le profit qu'ils ont retiré s'il s'agit d'une action mixte ou d'une action pénale a *parte rei tantum.*

La *litis contestatio* transforme les actions perpétuelles et les actions temporaires. Elle en fixe la durée aux délais de la péremption d'instance c'est-à-dire à six mois si le *judicium* est *legitimum*, à la durée des fonctions du magistrat qui a délivré la formule s'il s'agit d'un *judicium imperio continens.* Ainsi l'action perpétuelle devient temporaire. Au contraire l'action temporaire voit souvent augmenter le délai pendant lequel elle est efficace. C'est ce que nous indique la formule : *Omnes actiones semel inclusæ judicio salvæ permanent* (loi 139. pr. D. de reg, juris lib. 50, t. 17).

Notons un mode spécial d'extinction pour les actions qui résultent d'un dommage moral. Quand il s'agit d'un délit contre la personne l'action pénale s'éteint lorsque celui à qui l'outrage a été adressé ne l'a pas ressenti. *Dissimulatione aboletur*, disent les textes. D'après le droit romain l'injure n'existait pas si celui qui en avait été l'objet la méprisait. (Inst. § 12. Lib. 4. tit. 4. — L. 16. § 1. D. *de injuriis*, Lib. 47, t. 10. — L. 23 § 1, L. 32 pr. D. de inoff. test. Lib. 5, t. 3.)

CHAPITRE TROISIÈME.

Des actions pénales privées en particulier.

Dans ce chapitre, nous nous proposons d'étudier les caractères propres à chacune des principales actions pénales. Nous n'insisterons dans cette étude que sur l'élément pénal qui se rencontre dans ces actions.

§ 1er.

ACTIONS PÉNALES PROPREMENT DITES.

Nous avons déjà vu que les actions purement pénales sont celles qui ont pour but unique de faire prononcer contre le coupable une peine pécuniaire.

Parmi ces actions les seules qui méritent d'attirer notre attention sont l'*action furti* et l'*action injuriarum*.

I. — ACTION FURTI.

L'action pénale privée qui résulte du vol prend le nom d'action *furti*. Elle se donne contre le voleur. Cependant, il y a des cas, où cette règle ne reçoit pas son application. Par exemple : 1° Lorsque le délit a été commis par un fils au préjudice de son père, sous la puissance duquel il est encore placé ; 2° Lorsqu'il a été commis par une femme au préjudice de son mari ou réciproquement ; dans cette dernière espèce, le conjoint obtient la réparation du dommage que lui a cause le vol soit par l'action *rerum amotarum*, soit par la *condictio furtiva*; 3° Lorsque le coupable est un domestique à gages. Néanmoins, dans ces diverses hypothèses, l'impunité de l'auteur principal ne s'étend pas aux complices : ceux-là restent soumis à l'action *furti*. (Inst. § 12, lib. IV, t. 1. — LL. 1 et 3, D. lib. 25, t. 2).

Le voleur n'est pas le seul contre lequel l'action *furti* peut être intentée. En sont également tenus les complices et parmi eux les receleurs.

L'action *furti* est délivrée tantôt au double, tantôt au quadruple, ce qui veut dire que le voleur peut être condamné à fournir au demandeur, soit le double, soit le quadruple de la valeur des objets soustraits.

Il y a lieu à condamnation au double quand le vol est non manifeste et au quadruple dans le cas contraire. Une telle différence dans la mesure de la peine a fait l'objet de justes critiques. Le législateur romain semble encourager le voleur à agir adroitement pour ne pas être pris en flagrant délit.

Mais comment détermine-t-on l'unité qui sert de base au calcul du juge? — Le simple comprend la plus haute valeur que la chose a pu présenter, soit au moment du vol, soit depuis ce moment. D'où il suit que si depuis le vol, la chose a péri par cas fortuit ou si son prix s'est accru, il faut, dans la première hypothèse déterminer le *quantum* du simple en tenant compte de la valeur des objets à la date du délit et dans la seconde ajouter à la valeur primitive des objets dérobés leur plus-value postérieure. On doit tenir compte aussi dans le calcul d'un autre élément, du bénéfice dont la partie lésée a été privée par suite du vol. Un esclave a été enlevé à son maître avant d'avoir pu faire par l'ordre de celui-ci adition d'hérédité, il faudra comprendre dans la valeur du simple, à côté du prix de l'esclave, le chiffre de la succession qu'il était appelé à recueillir.

Nous avons déjà vu que l'exercice de l'action *furti* appartenait tantôt au propriétaire de l'objet volé, tantôt à certains détenteurs dont les uns, comme le possesseur de bonne foi, l'usufruitier et le créancier gagiste, jouissaient de ce droit concurremment avec le propriétaire tandis que d'autres pouvaient agir à l'exclusion de ce dernier.

L'action *furti* que nous venons d'étudier n'assurait que la répression du *furtum*. Il fallait sauvegarder encore les droits du propriétaire volé en lui donnant les moyens de reprendre la chose qui lui avait été dérobée.

C'est ce que le droit romain avait fait, même avec un certain luxe.

En effet le propriétaire volé avait le choix entre trois actions :

L'action en revendication ;
L'action *ad exhibendum* ;
La *condictio furtiva.*

Ces actions ne se cumulent pas entre elles, parce qu'elles tendent uniquement à la réparation du préjudice causé par le vol et qu'il ne peut y avoir lieu à réparer deux fois ce préjudice.

Mais elles se cumulent avec l'action *furti*, parce qu'elles ne tendent pas au même but. Comme l'explique Ulpien (Dig. de *conditione furtiva*. Liv. 13, tit. 1 loi 7 § 1.) l'action *furti* a pour objet une peine (*pœnam petit legitimam*) tandis que les autres actions tendent à la chose elle-même (*rem ipsam*) ; or on conçoit que le même vol donne lieu d'abord à la restitution de la chose volée, en outre à une indemnité pécuniaire à titre de peine.

De ce que les trois actions indiquées ci-dessus ne se cumulent pas entre elles, il ne faudrait pas conclure que l'exercice de l'une d'elles éteigne de plein droit les deux autres. Les textes expriment au contraire formellement que si j'ai exercé l'action en revendication, je pourrai néanmoins exercer ensuite la *condictio furtiva*, mais ils remarquent qu'il rentre dans les pouvoirs, dans les devoirs du juge qui est saisi de l'action en revendication, de n'ordonner la restitution que si le demandeur fait remise de la *condictio furtiva*. Réciproquement si le propriétaire a déjà obtenu condamnation par la *condictio furtiva* et a reçu la *litis estimatio*, il pourra bien intenter la *rei vindicatio*, mais le juge pourra encore subordonner la condamnation sur la revendication à la restitution de la somme d'argent obtenue par la *condictio furtiva* et même absoudre complétement le défendeur (L. 9, § 1, D. de *furtis* lib. 47, t. 2). Le propriétaire de la chose volée a donc le choix entre ces trois actions.

Il peut d'abord intenter l'action en revendication. Rien de plus simple, puisque très certainement le vol ne l'a pas dépouillé de son droit de propriété. Il reste investi de cette action après comme avant le vol. — L'action en revendication peut être intentée même contre le voleur qui ne possède pas. Il est en effet de principe qu'elle est donnée contre ceux qui par dol ont cessé de posséder, et il est manifeste que le voleur sera toujours à considérer comme coupable de dol. On sait d'ailleurs que cette *rei vindicatio* réussirait également contre les tiers même de bonne foi qui auraient reçu la chose volée, eussent-ils même possédé pendant le temps requis pour l'usucapion. — Le *furtum* rend la chose en quelque sorte vicieuse et empêche l'effet ordinaire de la longue possession.

En second lieu, le propriétaire a l'action *ad exhibendum*. Rien de plus simple encore. Cette action appartient à quiconque peut revendiquer un meuble (L. 3, § 3, D. *ad exhib.* lib. 10, t. 4), et elle a surtout pour but de rendre possible la revendication qui est en principe impossible quand le détenteur cache la chose. Mêmes observations, d'ailleurs, que pour la *rei vindicatio*. Elle est donnée même contre le voleur qui ne possède plus, parce qu'il est toujours coupable de dol. (L. 9, § 3 et 4, D. *ad exhib.*) Elle est aussi donnée contre toute personne en mesure d'exhiber la chose. (L. 3, § 15; LL. 4 et 5, pr. D. *ad exhib.*)

Nous venons de constater qu'en donnant au propriétaire de la chose volée l'action en revendication et l'action *ad exhibendum*, le droit romain n'avait fait que consacrer l'application des principes généraux et du droit commun.

Il en est tout différemment quant à la *condictio furtiva*.

En effet, il est dit dans l'*intentio* de la formule de cette *condictio* que le défendeur doit transférer la propriété au demandeur (*si paret eum dare oportere*); or ce résultat est manifestement impossible à réaliser puisque, comme nous l'avons fait remarquer ci-dessus, le volé est demeuré propriétaire de la chose et qu'il est impossible qu'il le devienne une seconde fois. Il y a donc en quelque sorte contradiction à ce qu'un propriétaire demande à ce que la propriété de sa propre chose lui soit transférée. Mais Gaius (IV. 4), qui fait lui-même l'observation qui précède, nous explique que cette anomalie fut admise en haine des voleurs (*odio furum*). On considéra

que puisque le voleur avait cherché à se conduire en propriétaire on le traiterait comme tel, mais aussi comme débiteur de
la chose volée et comme débiteur en demeure.

Le motif même indiqué par Gaius nous avertit que l'anomalie signalée part d'un point de vue défavorable au voleur, et
de fait il en résulte des conséquences qui affirment ce caractère de sévérité.

Le voleur est traité comme débiteur de la chose. Or les
héritiers succèdent à une dette : les héritiers du voleur seront
donc soumis à la *condictio furtiva* alors même que la chose
ne serait pas entre leurs mains. (Inst. de *oblig. quæ ex delicto
nascuntur*. lib. 4. t. 1. § 19. — L. 7. § 2. D. de *cond. furt.* lib.
13, tit. 1.)

Il en est tout autrement de l'action en revendication et de
l'action *ad exhibendum* qui ne sont données contre les héré-
ritiers que s'ils sont eux-mêmes en possession. Ainsi donc première aggravation : la *condictio furtiva* est transmissible passivement dans des cas où les deux autres actions ne le sont pas.

De plus le voleur est débiteur *in mora*.

En conséquence la perte même fortuite de la chose volée ne
libère ni le voleur ni ses héritiers. Ils restent tenus de la
condictio furtiva car tant que la demeure n'est pas purgée,
elle met les risques à la charge du débiteur (L. 20. D. de *cond.
furt.*) Au contraire, la *rei vindicatio* et l'action *ad exhibendum* s'éteignent lorsque la chose vient à périr par cas fortuit.
(Inst. de *Rerum div.* lib. 2, t. 1, § 26.)

Autre conséquence. Le défendeur ne se libère pas de la
condictio furtiva en restituant la chose telle qu'elle se trouve
actuellement sans son dol ni sa faute. Dans la *condictio furtiva*
le montant de la condamnation à prononcer se mesure tou-

jours sur la plus hauté valeur que la chose a atteinte depuis le
délit, alors même que cette valeur aurait fortuitement disparu
avant l'exercice de la *condictio furtiva* (LL. 8 § 1, et 13, D. de
cond. furt. lib. 13, t. 1). Au contraire, le défendeur à l'action
ad exhibendum se libère en restituant la chose telle qu'elle
est, pourvu que les détériorations ne proviennent ni de son
dol ni de sa faute.

On voit que l'anomalie que nous avons relevée dans la *condictio furtiva* aboutit à une sévérité très grande à l'égard du
voleur. Il reste à faire remarquer que des trois décisions que
nous venons de rapporter, il n'y en a que deux, les deux dernières, qui soient exclusivement propres à la *condictio furtiva.*

En effet nous avons vu que le voleur pouvait être tenu antérieurement d'une action contractuelle, par exemple parce
qu'il détenait la chose à titre de *commodat* ou de dépôt. Or
cette action contractuelle passe naturellement contre ses
héritiers après sa mort — c'est l'application du droit commun.

Quant aux deux dernières décisions, savoir que le voleur
doit par la *condictio furtiva* la plus haute valeur obtenue
depuis le délit par la chose volée, et qu'il n'est pas libéré même
par la perte fortuite de cette chose, elles restent vraies même
au cas où il y a une relation contractuelle entre le voleur et le
propriétaire de la chose objet du vol, et procurent à celui-ci
des avantages que ne lui donnerait pas l'action née du contrat
(L. 16 D. de *cond. furt.*)

La *condictio furtiva* est, à raison de ces avantages, l'action
la plus pratique parmi celles qui assurent à la victime du vol la
réparation du préjudice qu'elle a éprouvé. On peut ajouter
encore qu'au point de vue de la preuve c'est de beaucoup la
plus commode puisqu'il suffit de prouver le fait du vol, tandis

que pour l'action en revendication le demandeur a encore à établir son droit de propriété et que l'action *ad exhibendum*, outre qu'elle sert également de préliminaire à une action en revendication exige aussi la preuve au moins de la vraisemblance du droit à alléguer dans cette *rei vindicatio*. (L. 3, § 9 et § 11. D. *ad. exhib.* lib. 10, t. 4.)

C'est l'action la plus usitée et naturellement celle dont s'occupent le plus longuement les jurisconsultes romains.

Elle aboutit à une condamnation dont le montant servira de *simplum* aux condamnations au double ou au quadruple dans l'action furti. (L. 3. D. de *cond. furt. Lib.* 13. t. I.)

Il faut se garder de confondre cette action avec l'action *furti*. En effet, bien que la *condictio furtiva* puisse procurer un enrichissement au demandeur, elle n'est pas une action pénale. Nous venons de voir qu'elle peut-être exercée pour le tout contre les héritiers du voleur, faculté qui n'est accordée pour aucune action pénale. Enfin beaucoup de textes prouvent qu'elle n'a jamais été considérée que comme une action *rei persecutoria*. (L. 7. § 2. D. *de cond. furt.* lib. 13, t. 1. — L. 9, § 1. D. *de furt.* lib. 47. t. 2).

L'action *furti* et la *condictio furtiva* se distinguent encore aux trois points de vue suivants :

D'abord au point de vue des personnes qui peuvent intenter l'une ou l'autre action.

La *condictio furtiva* n'appartient qu'au propriétaire de la chose volée ou parfois à celui qui a sur elle un droit réel. (L. 3, D. de *cond. furt.* — L. 12 § 5. D. de *usufr.* lib. 7, t. 1). — Nous avons vu, au contraire, que l'action *furti* est donnée à quiconque y a intérêt et notamment au possesseur de bonne foi, au locataire, au mandataire, au commodataire, toutes personnes

qui ne pourraient intenter la *condictio furtiva*, faute d'un droit
réel sur la chose volée.

En second lieu au point de vue des personnes exposées à
l'une ou l'autre action.

La *condictio furtiva* ne se donne que contre les personnes
qui ont pris une part active et directe au vol, en un mot
contre l'auteur ou les auteurs du vol, mais jamais contre ceux
qui n'y ont participé que comme complice (L. 6. D. de *cond.
furt.* lib. 13, t. 1). — Nous avons vu que le cercle des personnes tenues dans l'action *furti* est beaucoup plus étendu. Il
s'étend non seulement aux auteurs des délits, mais aussi aux
complices, aux recéleurs et même à ceux qui tombent sous la
règle : *in maleficio ratihabitio mandato comparatur.* (L. 152,
§ 2, D. de *reg. jur.* lib. 50, t. 17).

Enfin, la *condictio furtiva* n'est jamais donnée dans le cas
de *furtum* d'un homme libre. *Odio furum*, on n'alla pas
jusqu'à considérer le voleur comme propriétaire et débiteur
d'un homme libre (L. 38, § 1, D. de *furtis*, lib. 47, t. 2). — On
rentrait ainsi dans le droit commun, l'homme libre n'étant
pas *in commercio*. — Il y avait des cas où l'action *furti* était
donnée relativement à des hommes libres. Le père de famille
pouvait agir par cette action, lorsqu'on lui avait enlevé un fils
qui était en sa puissance (Inst. lib. 4, t. 1, § 9).

II. — ACTION D'INJURES.

Le délit d'injure avait ceci de particulier que pour qu'il
existât il fallait que la personne à qui l'outrage était adressé
l'eût ressenti. Si celui qui était l'objet d'une *contumelia* la
méprisait, aucune responsabilité n'incombait à l'auteur de
l'outrage. *Dissimulatione aboletur*, disent les textes. (L. 16.
§ 1, D. *de injuriis*, lib. 47, t. 10.)

L'injure résultait non seulement des voies de faits exercées contre une personne, mais encore des actes de même nature dont un tiers placé sous la puissance de cette personne avait eu à souffrir. L'outrage adressé au fils, à la femme mariée, à l'esclave rejaillissait contre le père de famille, le mari, le maître.

En principe le père de famille avait l'exercice de l'action d'injure qui avait pris naissance dans la personne du fils. Cependant Ulpien cite plusieurs cas dans lesquels le fils pouvait être exceptionnellement investi de l'action. (L. 17. § 10 *et suivants*. D. *de injuriis*.)

A l'origine et sous l'empire de la loi des douze tables l'action d'injure tendait à l'application d'une peine tantôt corporelle tantôt pécuniaire.

A ce système en succéda un autre qui fonctionne encore à l'époque de Justinien. Il comporte une distinction. Quand l'injure est simple, c'est le demandeur qui détermine le *quantum* de l'indemnité ; quand elle est atroce, c'est le magistrat qui s'acquitte de ce soin.

§ 2.

ACTIONS MIXTES.

Nous examinerons dans ce paragraphe les actions mixtes suivantes : l'action *legis Aquiliæ*, l'action *quod metus causa*, l'action *vi bonorun raptorum*, et les actions *quæ infitiatione duplantur*, qui sont les plus importantes des actions de cette classe.

I. — ACTION QUOD METUS CAUSA.

L'action *quod metus causa* a pour but de faire obtenir à

celui qui a contracté sous l'empire de la crainte inspirée par un tiers, soit le quadruple du préjudice quand le défendeur est l'auteur même de la crainte, soit le quadruple du profit quand le défendeur a simplement bénéficié de la terreur inspirée par un autre.

Elle peut-être intentée soit contre le coupable soit contre les tiers.

Ce qui lui donne le caractère d'action pénale mixte, c'est qu'elle tend à la revendication même de la chose en même temps qu'à l'application d'une peine. A vrai dire elle n'est pénale que jusqu'a concurrence des trois quarts. Le prêteur a rangé l'action *quod metus causa* dans la catégorie des actions arbitraires pour rendre moins dure la situation du défendeur de bonne foi. En effet il lui est permis d'échapper à la condamnation au quadruple en faisant à son adversaire l'abandon des objets arbitrés par le juge,

L'action *quod metus causa* appartient à la partie lésée et à ses successeurs. (L. 14, § 2, D. *quod met. caus.* lib. 4, t. 2.)

En étaient tenus non-seulement ceux qui avaient provoqué la crainte, mais ceux qui avaient bénéficié, même à leur insu, des actes déterminés *metu*.

Parmi les personnes qui sont soumises à l'action *quod metus*, alors même qu'elles sont restées étrangères aux faits de violence, on peut citer les débiteurs accessoires qui par suite de l'acceptation obtenue frauduleusement par l'un d'eux sont momentanément libérés, les créanciers d'une hérénité insolvable lorsque cette hérédité a été acceptée sous l'empire de la crainte ; les sous acquéreurs d'une chose dont l'aliénation primitive est entachée de fraude, etc.

Il peut arriver que la satisfaction due par le défendeur ne

soit point fournie. Dans ce cas, comment procède-t-on ? Quand
le défendeur pouvant satisfaire s'y refuse, on accorde au demandeur la faculté de fixer lui-même le *quantum* du préjudice
qu'il a éprouvé Toutefois le juge a soin au préalable de déterminer un chiffre qu'il n'est pas permis au poursuivant de dépasser dans son évaluation. Celui-ci jure de de pas exagérer
la somme qu'il demande c'est ce qu'on appelle le *juramentum
in lite cum taxatione*.

Si le défendeur est dans l'impossibilité de fournir la satisfaction arrêtée par le juge, ce n'est plus au demandeur, c'est
au magistrat qu'il appartient de fixer le montant de la condamnation.

Dans l'hypothèse où le défendeur n'exécute pas l'ordre de
satisfaire qui lui a été donné par le prêteur, il encourt la peine
sévère du quadruple. Le quadruple représente quatre fois la
valeur de l'évaluation pécuniaire du préjudice éprouvé par le
demandeur. C'est le juge qui arrête l'unité qui sert de base au
calcul du quadruple.

L'action *quod metus causa* est délivrée pendant une année
utile, elle n'est pas transmissible contre les héritiers du délinquant, à moins qu'ils n'aient retiré un profit du fait de leur auteur. Après le délai d'un an, elle cesse d'être pénale et n'est
plus donnée que *cognita causa* c'est-à-dire après que le prêteur s'est assuré que le défendeur n'avait pas d'autre action à
sa disposition pour faire respecter son droit.

II. — ACTION VI BONORUM RAPTORUM.

Cette action est attachée à la *rapina*, laquelle n'est qu'un
vol commis avec violence. C'est le prêteur qui l'a organisée.

Elle diffère de l'action *furti* à un double point de vue. D'abord elle poursuit la *res* en même temps que la peine. En effet elle se délivre au quadruple comme l'action *quod !metus causa;* *persecutoria rei* jusqu'à concurrence du simple, elle n'affecte un caractère pénal que pour les trois quarts restants. D'un autre côté elle ne dure que pendant une année utile, passé ce délai, elle retombe au simple.

L'action *vi bonorum raptorum* appartient à la même catégorie de personnes que l'action *furti*. Toutefois à raison de son caractère d'action mixte elle ne peut pas être cumulée avec une action *rei persecutoria*. Si le propriétaire a eu recours, pour se faire indemniser, à une action de cette espèce, il ne peut exercer l'action *vi bonorum* que pour ce qu'elle a de pénal, pour les trois quarts.

III. — ACTION LEGIS AQUILLÆ.

L'action de la loi Aquilia tendait à réprimer tout dommage causé injustement aux choses mobilières, si nous ne nous occupons que du premier et du troisième chefs, les seuls qui puissent nous intéresser, le second étant tombé de bonne heure en désuétude.

Comment se calcule le montant de la condamnation dans l'action de la loi Aquilia ? Il faut distinguer entre les deux chefs ? D'après le premier, relatif au meurtre de l'esclave d'autrui et de certains animaux, la chose doit s'estimer d'après la plus haute valeur qu'elle a eue dans l'année qui a précédé le délit : si par exemple c'est un esclave aujourd'hui boiteux, mais antérieurement exempt de cette infirmité qui a été tué, on tiendra compte de sa valeur primitive. D'après le second chef, l'estimation se fait suivant les mêmes règles, mais on ne peut dépasser pour rechercher la plus haute valeur de la chose les trente jours qui ont précédé le délit.

C'est ainsi que l'action de la loi *Aquilia* est pénale bien que tendant à faire obtenir au demandeur une indemnité. Elle est pénale pour la somme qui dépasse la valeur de l'animal au jour où il a été blessé ou tué. La peine est donc éventuelle puisqu'elle n'existe qu'à la condition que la chose ait changé de valeur dans les trente jours ou dans l'année. — Mais les Romains ne font pas de distinction entre le cas où l'action poursuit à la fois la peine et l'indemnité et celui où elle ne tend qu'à indemniser le demandeur. Dans les deux hypothèses, l'action revêt tous les caractères des actions pénales :

1° Elle se donne *noxaliter* (L. 2, *pr.*, *De nox. act. D. l.* 9, t. 4) ;

2° Elle ne peut être exercée contre les héritiers que jusqu'à concurrence du profit qu'ils ont retiré du délit, (L 23, § 8. *Ad. leg. Aqu.* l. 9, t. 2). Notons que ces deux premiers caractères, comme nous l'avons déjà dit, existent chez toutes les actions pénales mixtes. Mais en voici un troisième qui est propre à l'action de la loi *Aquilia* ;

3° Si le *damnum injuria* a été commis par plusieurs personnes, on pourra poursuivre chacune d'elle pour le tout. (L. 11, § 2, *Ad. leg. Aqu.*) Il y a là un résultat qui peut paraître choquant, même en nous plaçant au point de vue du droit romain. En effet s'il était admis qu'une peine pouvait être réclamée autant de fois qu'il y avait d'auteurs du délit, il était de principe que l'indemnité ne pouvait être obtenue qu'une seule fois. Bien plus logique est la solution admise en général pour les actions mixtes et en particulier pour l'action *quod metus causâ*, (L. 14, § 15, D. *quod metus causâ* 1. 4, t. 2). L'action ne peut plus s'exercer une fois que le demandeur a obtenu d'un des auteurs du délit ce qu'il lui réclamait.

L'action *legis Aquiliæ* appartient au propriétaire seul. L'exercice de cette action a soulevé une difficulté intéressante. La loi Aquilia suppose qu'aucun rapport de droit n'existe entre le propriétaire et l'auteur du dommage ; qu'arrivera-t-il au contraire s'il y a un rapport de cette nature, si par exemple celui qui a détérioré une chose était tenu de me la restituer en vertu d'un contrat? Aurais-je le droit de le poursuivre par l'action de la loi *Aquilia* ou par l'action *ex contractu*? On décide que la partie lésée a le choix entre ces deux actions, mais qu'elle ne peut les exercer concurremment. (L. 7, § 8. L. 27, § 11. D. *ad. legis Aq.*)

Si la personne qui m'a causé un dommage n'a encouru aucune responsabilité au point de vue de la nature du contrat, faudra-t-il néanmoins la soumettre à l'exercice de l'action *legis Aquiliæ*? On distingue : Si le fait qui a provoqué le dommage était autorisé par le contrat, il n'y a pas contre son auteur de recours possible ; dans le cas contraire, le recours existe.

On m'a confié un vase à tourner, je le brise parce que le métal qu'on m'a livré avait des défauts : je ne tombe pas sous le coup de la loi. Je le brise par maladresse : je suis tenu de l'action *legis Aquiliæ*, parce que j'ai commis une faute que le contrat de *locatio* m'oblige à réparer. (L. 27. § 29. D. *ad legis Aq.* lib. 9, t. 2).

IV. — ACTIONS QUOE INFITIATIONE DUPLANTUR.

Nous rangerons parmi les actions pénales mixtes une classe d'actions que les jurisconsultes romains ne désignent jamais sous le nom d'actions pénales. Ce sont les actions qui croissent au double en cas de dénégation du défendeur, *quæ infitiatione duplantur*. Ces actions diffèrent des autres actions pénales à un double point de vue. Le demandeur ne poursuit par ces actions que la *res* (1) : il n'a droit à une peine que si le défendeur lui dénie injustement le droit d'agir en justice. — En second lieu ces actions ne dérivent pas nécessairement d'un délit ou d'un quasi délit, comme les autres actions pénales. On en voit qui ont leur source dans un contrat.

N'exagérons pas l'importance de ces différences. Elles ne sont qu'apparentes. Les actions dont nous nous occupons sont presque toutes des actions *rei persecutoriæ*. Seulement elles peuvent se transformer en actions pénales. Pour cela il suffit qu'un délit soit commis. Ce délit c'est *l'infitiatio*. Celsus nous dit que c'est un délit dans le genre du vol. *Infitiatio prope furtum est.* (L. 67, pr. D. *de furtis.* 47, 2.) A partir du moment où il a été commis l'action tend au double, elle est pénale pour moitié, pour moitié *persecutoria rei*. C'est donc une action pénale mixte.

Si nous nous plaçons à ce point de vue nous voyons que les différences que nous signalions tout à l'heure entre nos actions et les autres actions pénales n'existent plus. — Nos actions poursuivent une peine. — Elles dérivent d'un délit.

Quelles sont les actions qui croissent au double *per infitiationem* ?

Les unes tirent leur origine de la *nuncupatio*. Nous lisons

---

(1) Remarquons que les règles que nous allons poser ne s'appliquent pas exactement à l'action *legis Aquiliæ*. Mais cela tient à ce qu'elle peut être pénale à un double point de vue. Dès l'origine elle poursuit une peine, plus tard elle peut croître au double, s'il y a *infitiatio*.

dans Cicéron. (*De Officiis* liv. 3. n° 16). *Nam, quum ex XII Tabulis satis esset ea præstari quæ essent lingua nuncupata; quæ qui inficiatus esset, dupli pœnam subiret.* — La vente qui au temps des douze tables était un contrat de droit strict, se faisait par le *nexum* et était soumise à la règle : *uti lingua nuncupassit ita jus esto.* La loi frappait de la peine du double celui qui niait la déclaration solennelle qu'il avait faite. — De là est venue l'action donnée à l'acheteur contre le vendeur qui l'a trompé sur la contenance du fonds vendu.

Telle est aussi l'origine de l'action *depositi miserabilis* qui croit aussi au double par *infitiatio*. On se rappelle en effet que primitivement le dépôt s'effectuait par une *mancipatio* ou une *in jure cessio* accompagnée d'un contrat de fiducie..

Un second groupe d'actions *quæ infitiatione duplantur* se rattache à l'action *judicati*. Les Romains pour assurer l'exécution des sentences judiciaires, ont frappé de la peine du double celui qui niait l'existence d'un jugement rendu contre lui. — Ils ont assimilé à un jugement le fait qui donne naissance à certaines actions. C'est ainsi que les actions *legis Aquiliæ, legati certi per damnationem et depensi* croissent au double par *infitiatio*. Le texte de la loi *Aquilia* et la formule du legs *per damnationem* ressemblent à un jugement de condamnation. Quant à l'action *depensi*, son assimilation à l'action *judicati* résulte des textes de Gaius (IV, § 22 et 25) mais les motifs nous en sont restés inconnus.

A quel moment ces actions deviennent-elles pénales ? En d'autres termes, à quel moment l'*infitiatio* doit-elle se produire pour encourir la peine du double ? Nous pensons que c'est au moment de la *litis contestatio*. C'est, en effet, la délivrance de la formule qui détermine la situation des parties dans le procès. — De plus, Justinien nous dit que ces actions « *in confitentem in simplum dantur* ». (Inst. § 26 de act. 4. 6.) C'est donc au moment où elles sont délivrées que l'on connaît si ces actions sont au simple ou au double. — Du reste, les textes nous apprennent qu'il est de règle que celui qui a commis un mensonge en justice ne peut plus le réparer après la *lit is contestatio*. Celui qui, poursuivi par une action noxale, a nié avoir eu en sa possession l'esclave coupable, peut revenir sur son mensonge tant que la *litis contestatio* n'est pas intervenue ; mais après ce moment, même s'il avoue avoir menti, la faculté de faire l'abandon noxal ne peut plus lui être rendue (L. 26. § 5. D. *de noxali actione*. lib. 9. tit. 4.) De même celui qui s'est prétendu faussement possesseur, *qui se obtulit liti*, peut être poursuivi par l'action en revendication, s'il a persisté jusqu'à la *litis contestatio* dans sa fausse déclaration (L. 25. D. *de rei vind*. lib. 6, tit. 1.)

§ 3.

ACTIONS PÉNALES EX PARTE REI TANTUM.

DE L'ACTION DE DOLO.

L'action *de dolo* présente deux particularités saillantes : En premier lieu elle tend uniquement à indemniser le demandeur du préjudice qu'il a éprouvé, en second lieu elle soumet le défendeur qui a succombé à l'infamie. Cette seconde conséquence, qu'entraîne l'action *de dolo* va nous donner l'explication de la réserve, avec laquelle le préteur en autorise l'usage.

D'après les textes, l'action *de dolo* ne se délivre qu'autant que le demandeur n'a pas à son service un autre moyen légal. De cette proposition il faut conclure que ne pourront pas agir par l'action de dol, ceux qui peuvent introduire contre le coupable une action civile, ou même une action pénale, ceux qui peuvent se prémunir contre les prétentions du défendeur au moyen d'une exception, ceux qui ont une action contre une personne étrangère au dol à la condition que cette personne soit solvable.

L'action *de dolo* était en outre refusée à ceux qui avaient laissé éteindre les actions qui leur appartenaient.

Notre action dérive de causes qui offrent avec celles qui donnent lieu à l'action *quod metus causâ* certaines analogies. Cependant les actions *de dolo* et *quod metus causâ* diffèrent par bien des points. — En principe, le préteur délivre plus facilement l'action *quod metus causâ* : elle n'est pas subsidiaire comme l'action *de dolo*. D'où il suit que contrairement à ce qui se passe pour l'action *de dolo*, celui qui par crainte a fait une promesse ou a répudié une hérédité, peut agir à son choix, ou par l'action *metus* ou par l'action *ex contractu*, ou encore dans la dernière hypothèse il peut demander une *restitutio in integrum*

Enfin, on peut dire que l'action *quod metus* n'est pas comme l'action de *dolo*, soumise à la formalité de la *causæ cognitio*. Mais que faut-il entendre par ces mots *causæ cognitio* ? L'action *de dolo* n'est accordée que si *justa causa videtur* (L. 1. § 1. *de dolo malo*, lib. 4, t 3), ce qui veut dire qu'en ce qui concerne la délivrance de l'action *de dolo*, le magistrat est investi d'un pouvoir d'appréciation plus étendu qu'en ce qui concerne les autres actions. Ainsi, il peut refuser l'action bien que toutes les conditions nécessaires à sa validité concurrent, si par exemple le débat doit s'agiter contre le père et le fils. Il a encore le droit d'écarter la requête du demandeur, s'il estime que celui-ci peut obtenir la réparation du dol à l'aide d'une autre action. Ce pouvoir s'explique par l'esprit de la loi qui veut qu'on recule autant que possible devant l'infamie qui accompagne l'action *de dolo*.

La formule de l'action *de dolo* est conçue *in factum*. — L'action *de dolo* est arbitraire. Par là, elle ressemble à l'action *quod metus causa*.

L'action *de dolo* appartient à la personne lésée et elle se délivre contre l'auteur seul du dol. Mais il est des cas où l'auteur du dol n'en est pas tenu. Cela a lieu lorsque le dol est le fait d'un ascendant contre son descendant, d'un patron contre son client.

L'action *de dolo* ne dure que pendant une année utile qui commence à courir du jour où le dol est découvert. Mais Constantin modifia bien malencontreusement cette disposition et décida que l'action devait être exercée dans un délai de deux ans, dont le point de départ remonte non plus à la date de la découverte du dol mais au jour de sa perpétration. (L. 8, C. *de dolo malo*, lib. 11. t. 21). — Cette action s'éteint par la mort du délinquant.

Nous avons fait remarquer avec quelle sévérité le magistrat examinait les demandes *de dolo*, la loi romaine voulant éviter autant que possible la peine de l'infamie au demandeur. Mais comme d'autre part. l'intérêt de ceux qui avaienl souffert, sinon du dol, du moins d'une faute, méritait la sollicitude du magistrat, l'usage s'introduisit d'accorder à la place de l'action *de dolo* des actions *in factum* qui n'entraînaient pas l'infamie, mais qui permettaient à la partie lésée de poursuivre une réparation pécuniaire.

Il y a d'autres actions que l'action *de dolo* qui ont pour effet de réprimer le dol. Je veux parler des actions de bonne foi. Il est curieux de les comparer à notre action.

L'action *de dolo*, comme toutes les actions pénales, se donne contre les mineurs de vingt-cinq ans. Il en est de même des actions de bonne foi lorsqu'elles ont pour but de sanctionner un dol commis par un mineur. (L. 9. § 2. D. *de minoribus*. Lib. 4, tit. 4.)

Lorsqu'un dol a été commis par plusieurs personnes, l'action est éteinte dès qu'un seul des coupables a indemnisé la victime. Cela est vrai qu'il s'agisse d'une action de bonne foi ou de l'action de dol. (L. 17, pr. D. *de dolo malo*. Lib. 4, tit. 3).

L'action de bonne foi, dérivant d'un contrat, est nécessairement une action *rei* persécutoire. En vertu de règles que nous étudierons dans le dernier chapitre, elle ne peut se cumuler avec d'autres actions de même espèce ; elle peut, en général, se cumuler avec une action pénale. L'action de dol, en raison de son caractère subsidiaire, ne peut se cumuler avec aucune autre action.

D'autres différences plus importantes séparent nos deux sortes d'actions. L'action de dol n'est pas donnée contre l'héritier du coupable, qui n'est tenu que dans la mesure de son profit. (L. 35, pr. D. l. 44, t. 7). Au contraire, les actions de bonne foi sont toujours données contre les héritiers, même lorsqu'elles tendent à punir le dol. (L. 8, § I. D. l. 37, t. 7).

Quand un fils de famille ou un esclave a commis un dol, si la répression est poursuivie par l'action *de dolo*, elle est donnée *noxaliter*. (L. 9, §. D. Lib. 4, t. 3.) Si la victime agit par une action de bonne foi, cette action est donnée *de peculio*, ce qui est plus avantageux pour le demandeur. (L. 49. D. 1. 44, tit. 7).

Ces différences entre deux actions qui poursuivent la répression du même délit ne s'expliquent pas en raison. Cette anomalie est surtout frappante si l'on considère que c'est en partant de cette idée que les actions de bonne foi poursuivent un délit que les Romains les délivraient contre les mineurs.

CHAPITRE QUATRIÈME.

Du concours des actions.

Le même fait peut présenter les caractères de délits différents et donner, par suite, ouverture à autant d'actions distinctes. Quels seront, dans ce cas, les droits de la partie lésée ?
Lui permettra-t-on de cumuler le bénéfice des diverses procédures qui sont mises à sa disposition, ou faudra-t-il qu'elle
fasse un choix ? Il est difficile de poser en cette matière un
principe dont l'application puisse convenir à la variété des
espèces. Cependant, on peut répondre avec Ulpien que le
concours des actions est admis chaque fois que ces actions
proviennent d'intérêts différents, et qu'au contraire, il doit
être rejeté quand les actions tendent au même résultat. (L. 43,
§ 1, *de regis jur*. D. lib. 50, t. 17). — Ainsi un commodataire
a détourné l'objet qui lui avait été prêté : deux actions naissent
de ce fait au profit du commandant : l'action *commodati* et la
condictio furtiva. Le préteur l'autorisera-t-il à les exercer
concurremment ? Évidemment non, car elles ont l'une et l'autre
le même objet : la *persecutio rei*. Mais à qui appartient la
faculté de choisir ? Sans nul doute à la partie lésée. — Dans
notre espèce, la *condictio furtiva* offrira le plus d'avantages
au demandeur puisque la *res* s'estime d'après la plus haute

valeur qu'elle a eue depuis le vol : c'est donc à celle-ci que s'arrêtera son choix.

Mais s'il a recours à l'action *commodati*, que se passera-t-il ? Le préteur lui permettra d'exercer la *condictio furtiva* pour tout ce qu'elle a de plus avantageux que l'action *commodati*. (L. 47, pr. D. *pro socio.* lib. 17, t. 2. — L. 41, § I, *de obl. et actionibus*. D. lib. 44, t. 7).

Si nous nous plaçons maintenant dans l'hypothèse où le concours s'établit entre deux actions d'une nature différente, dont l'une est *rei persequendæ gratia*, par exemple, tandis que l'autre est exclusivement pénale, que faudra-t-il décider ?

Par application de la règle que nous avons formulée, on devra admettre le cumul. La personne à qui appartient l'action *furti* peut poursuivre en même temps le voleur par l'une quelconque des actions *rei persequendæ* qui lui appartiennent. L'objet des deux actions n'est pas en effet le même. La première tend à l'application d'une peine tandis que la seconde a pour but de faire rentrer la chose dans le patrimoine du demandeur. (L. 7, § I, *de cond. furt.* D. lib. 13, t. 1er. — L. 34, § 2, D. *de obl. et act.*)

Lorsque le concours a lieu entre une action *rei persequendæ gratia* et une action mixte, le concours a lieu jusqu'à concurrence de ce que l'action mixte a de pénal. Reprenons l'exemple du commodataire. S'il a fait périr la chose, le commandant peut le poursuivre par l'action *commodati* et par l'action *legis Aquiliæ*. Si le commandant se sert de la seconde action, l'usage de la première lui est interdit, car par l'action *legis Aquiliæ* il obtiendra au moins autant, sinon plus, que par l'action *commodati* ; mais s'il a employé, en premier lieu, l'action née du contrat, il pourra agir par l'action *legis Aquiliæ*.

Enfin le concours peut naître entre deux actions pénales. La solution des questions qui se présentent dans cette matière n'est pas sans difficulté.

Nous distinguerons le cas où le même délit est prévu et puni sous deux noms différents et le cas où le même fait constitue plusieurs délits qui donnent lieu chacun à une action.

Au premier cas, on raisonnera comme s'il s'agissait de deux actions *rei persequendæ*. Le demandeur pourra exercer l'action la plus avantageuse. Soit un vol commis avec violence : s'il est manifeste, la partie lésée aura tout intérêt à recourir à l'action *furti manifesti*. S'il est non manifeste, elle se servira avec plus d'utilité de l'action *vi bonorum raptorum*. Mais les deux actions ne se cumuleront pas.

Il s'en faut de beaucoup que la deuxième hypothèse, celle où les deux actions découlent de deux délits différents, soit aussi simple. Il y a controverse entre les commentateurs et nous pensons qu'il y eut également controverse entre les jurisconsultes romains.

D'après quelques auteurs, il faudrait distinguer si les différents délits se rattachent à un fait en lui-même divisible ou à un fait indivisible. Pour prendre l'exemple classique, je vous ai volé un esclave, ensuite je le blesse, ou je le tue, ou encore je le dépouille de ses vêtements et je le laisse exposé à un froid très vif qui le fait mourir. Il y a là, dit-on, deux faits très distincts : d'abord un vol, puis un délit tombant sous l'application de la loi *Aquiliæ*, et c'est pour cela que l'on admettra le cumul intégral de l'action *furti*, qui sanctionne le vol et de l'action *legis Aquiliæ* qui sanctionne l'autre délit. C'est en effet la solulution des textes (L. 2 , §§ 1 et 6. D. *de privat del.* lib. 47, t. 1. — L. 14 , § 1. D. *de præscr. verb.*, lib. 19 t. 5.)

Si au contraire il s'agit d'un fait indivisible, si par exemple je frappe injurieusement votre esclave, il n'y aura pas lieu à cumuler l'action *legis Aquiliæ*, et l'action *injuriarum* pour le tout, mais seulement jusqu'à concurrence de ce que donne la plus avantageuse des deux. Et telle est encore la solution expressément donnée par un texte. (L. 34, pr. D. de obl. et act., lib. 44 , t. 7.)

Nous ne pensons pas que cette distinction soit fondée et puisse expliquer les nombreux textes qui sont en lutte dans cette question.

Et d'abord certaines lois du Digeste revèlent clairement l'existence d'une controverse entre les jurisconsultes romains.

De plus, sur l'espèce du texte précédent, donnée comme un exemple de fait indivisible , il existe un autre fragment (L. 15, § 46. D. *de injur.* lib. 47, t. 10) qui admet le cumul intégral des deux actions. Preuve manifeste que cette distinction n'était pas admise , tout au moins par tous les jurisconsultes.

De même encore Papinien prévoyant le cas d'un *stuprum* commis sur une esclave aliéna, fait certainement indivisible, admet le cumul des trois actions *legis Aquiliæ, servi corrupti et injuriarum* résultant de ce délit. (L. 6, pr. D. ad. leg. Jul. lib. 48 , t. 5).

Aussi pensons-nous, qu'il faut croire à l'existence entre les jurisconsultes romains d'une controverse sur la question que nous examinons.

Nous avons dit que la trace s'en trouve dans des textes précis. Nous pouvons en rapporter deux.

C'est d'abord un texte déjà cité. Le jurisconsulte Paul (L. 34 pr. D. de obl. et act.) prévoit le cas ou j'ai frappé injurieusement votre esclave. Deux actions naissent de ce délit, l'une fondée sur le préjudice matériel que vous avez éprouvé dans votre esclave, action *legis Aquiliœ* — l'autre fondée sur l'injure à votre adresse contenue dans l'acte dommageable lui-même, action *injuriarum*. Les deux actions seront-elles cumulativement exercées par vous?

Paul relève trois opinions.

D'après la première, la moins suivie probablement, vous n'aviez que le choix entre les deux actions et une fois exercé, ce choix était définitif.

Dans une seconde opinion on distinguait : si vous aviez exercé tout d'abord l'action *injuriarum*, vous pouviez encore recourir à l'action *legis Aquiliœ* — si au contraire l'action *legis Aquiliœ* avait été exercée la première, l'action *injuriarum* se trouvait éteinte : décisions qui s'expliquent pas cette circonstance que l'action *injuriarum* emporte une appréciation *ex œquo* et *bono* peu favorable à celui qui, préalablement indemnisé par l'action *legis Aquiliœ*, chercherait à réaliser un nouvel enrichissement par l'action *injuriarium*.

Aussi cette opinion devait-elle consacrer et consacrait-elle en effet comme nous le verrons, le cumul des deux actions comme règle générale. Seulement dans l'espèce en question le cumul se trouvait écarté par des principes propres à l'action *injuriarum*.

Enfin d'après le jurisconsulte Paul, il y aurait eu lieu à appliquer les principes indiqués pour le concours de deux actions *rei persequendœ gratia*, c'est-à-dire que l'action *legis Aquiliœ* étant la plus avantageuse des deux actions, le demandeur qui l'a exercée la première ne peut recourir à l'action *injuriarum* et que, s'il a exercé cette dernière action tout d'abord, il garde l'autre pour ce qu'elle offre de plus avantageux.

Cette controverse que Paul signale dans un cas particulier, existait pour toutes les hypothèses où deux actions pénales étaient en concours. C'est ce qu'indique un texte *d'Hermogénien* (L. 32. D. de obl. et act. lib. 44, t. 7).

D'ailleurs, on trouve des textes qui généralisent chacune des trois solutions d'espèces révélées par Paul

Ainsi Modestin n'admet que le choix pur et simple entre deux actions nées *ex delicto* (L. 53. D. de obl. et act.).

Paul autorise en règle générale le cumul jusqu'à concurrence de l'action la plus avantageuse des deux. (L. 41, § 1. D. de obl. et act.)

Enfin, l'autre opinion indiquée par Paul et qui n'est autre que la permission de cumuler mitigée dans l'hypothèse spéciale où l'action exercée en second lieu est l'action *injuriarum* est l'opinion d'Hermogénien (L. 32. D. eod. tit.) et d'Ulpien (L. 60. D. eod. tit. — L. 130. D. *de reg. jur*. lib. 50, t. 17). Celui-ci fait de nombreuses applications de cette doctrine (L. 14, § 1. D. *de præscr. verb*. lib. 19, t. 5. — L. 2, §§ 1 et 5. D. *de privat del*. lib. 47, t. 1. — L. 15, § 46. D. *de inj*. lib. 47, t. 10) et la justifie en disant qu'un délit ne saurait en effacer un autre et que tous doivent être punis — motif juridiquement et rationnellement exact. Cependant il avait paru exorbitant à quelques-uns que la victime d'un même fait délictueux trouvât avantage à ce que ce fait se composât de plusieurs délits réunis et de là controverse. La chose n'était pourtant pas plus choquante que la faculté de poursuivre *in solidum* les différentes personnes qui ont participé à un même délit.

Quoiqu'il en soit, il est très vraisemblable que c'est l'opinion du cumul qui l'emporta en définitive. C'est ce qui est attesté par Hermogénien qui est le plus récent des jurisconsultes dont les écrits figurent au *Digeste* ; et l'on retrouve aux *Institutes* de Justinien (Inst. § 1 in-f. Lib. 4 t. 9.) une phrase qui est la reproduction d'un texte d'Ulpien (L. 130, D. *de reg. juris.* Lib. 50 t. 17.)

TABLE DES MATIÈRES.

DES ACTIONS PÉNALES.

DROIT FRANÇAIS.

DES POURSUITES DISCIPLINAIRES.

DROIT FRANÇAIS.

DES POURSUITES DISCIPLINAIRES.

BUT DE L'ACTION DISCIPLINAIRE.

Le but du pouvoir disciplinaire est de donner aux membres des corps judiciaires, considérés dans leur ensemble, des habitudes de respect, de devoir, de dignité dans la conduite, en un mot de créer dans la magistrature des mœurs professionnelles. Ce sont ces mœurs qui donnent aux magistrats et au corps judiciaire leur autorité morale et qui contribuent à les entourer de la considération qui leur est nécessaire.

Parmi les personnes qui sont soumises à ce pouvoir se trouvent non-seulement les magistrats, mais encore les avocats, les notaires, les officiers ministériels dont l'ensemble constitue l'ordre judiciaire.

Ces principes ont été exposés à propos des notaires par le conseiller d'État Réal dans l'exposé des motifs de la loi du 25 ventôse an XI : « La loi qui ne réprime que les délits ne suffit pas à cette institution, il faut pour ceux qui en exercent e beau ministère un code pénal plus sévère, un tribunal plus austère que pour le commun des hommes. Dans le commerce ordinaire de la vie l'homme qui manque aux lois de la délicatesse, celui même qui ne fait pas tout ce que la probité commande est presque toujours hors des atteintes de la loi ; aucun tribunal ne peut lui infliger des peines ; mais lorsqu'il s'agit d'un notaire, un manque de délicatesse est déjà un délit répréhensible et le défaut de probité est un crime qui doit être sévèrement puni. »

Assurer l'accomplissement de tous les devoirs professionnels des membres du corps judiciaire et la répression de tous les faits qui portent atteinte à l'honneur de ce corps, tel est le but de l'action disciplinaire. Ce but, elle l'atteint en frappant le coupable de peines édictées par des dispositions spéciales.

Réprimer une infraction au moyen d'une peine, tel est le rôle de l'action disciplinaire. C'est aussi celui de l'action publique en matière de crimes et de délits. Il semble donc qu'il y ait beaucoup de ressemblance entre ces deux actions. Trompés par ces considérations, des auteurs ont cru qu'on pourrait chercher dans les règles propres à l'action publique la solution de certaines questions que ne tranchent pas les textes des dispositions disciplinaires. Pourtant les différences qui séparent nos deux actions sont si nombreuses, qu'on ne peut conclure de l'une à l'autre.

L'action publique a pour but de maintenir l'ordre social : elle s'applique à tous les citoyens sans distinction ; l'action disciplinaire a pour but de maintenir les devoirs spéciaux aux membres de l'ordre judiciaire et ne s'applique qu'à certaines corporations.

L'action publique ne peut atteindre que les infractions aux

lois positives : elle est limitée aux faits qui sont qualifiés par un texte crimes, délits ou contraventions. L'action disciplinaire atteint tous les manquements à l'honneur, tous les actes qui constituent des infractions aux devoirs professionnels sans qu'ils soient prévus spécialement par un article de la loi.

La chose jugée au criminel ne lie pas le juge disciplinaire. Un fait peut n'être ni un crime ni un délit et constituer néanmoins une tache à l'honneur.

Des preuves interdites en matière criminelle peuvent être admises en matière disciplinaire. La preuve testimoniale est admise pour établir la violation d'un dépôt par un officier ministériel. Cass. 5 juillet 1858. Sir. 58. 1. 609.

La cour de cassation déclare que le principe de la non rétroactivité des lois ne s'applique pas en matière disciplinaire. Cass. 9 novembre 1852. Sir. 58. 1. 609 (en note).

L'action disciplinaire ne doit pas être confondue non plus avec l'action civile. L'action civile tend à la réparation du préjudice causé. L'action disciplinaire tend à la répression de la faute commise. — L'action civile n'est intentée que lorsque l'intérêt d'un particulier est lésé. L'action disciplinaire peut être mise en mouvement indépendamment de tout préjudice. — L'exception tirée de la chose jugée au civil ne peut être opposée en matière disciplinaire. — La prescription de l'action civile n'est pas applicable en notre matière. — Les modes de preuves ne sont pas les mêmes devant les juridictions disciplinaires que devant la juridiction civile. Cass. 5 juillet 1858 (arrêt précité.)

Après avoir tracé ainsi rapidement les différences qui séparent l'action disciplinaire des actions publique et civile, nous allons entrer dans l'examen détaillé des règles qui distin-

guent notre action. Ce qui fera l'objet d'un premier titre. Dans
un deuxième titre nous nous occuperons des diverses juridictions devant lesquelles l'action disciplinaire peut être portée.
Dans un troisième nous énumérerons les personnes qui ont qualité pour exercer les poursuites disciplinaires. Enfin dans un
quatrième nous examinerons quelles sont les voies de recours
possibles contre les sentences disciplinaires.

TITRE PREMIER.

RÈGLES SPÉCIALES A L'ACTION DISCIPLINAIRE.

Nous nous proposons dans ce titre d'étudier les différences qui existent entre l'action disciplinaire et les autres actions. Ce sera particulièrement l'objet du chapitre premier. Dans un deuxième chapitre nous examinerons quelles sont les fins de non recevoir opposables à l'action disciplinaire.

CHAPITRE PREMIER.

Règles spéciales.

§ 1er.

L'ACTION DISCIPLINAIRE POURSUIT DES INFRACTIONS QUI NE SONT PAS PRÉVUES SPÉCIALEMENT PAR UN TEXTE DE LOI.

L'action publique ne poursuit que les faits qualifiés crimes ou délits. Au contraire, l'action disciplinaire tend à punir des fautes indépendamment de toute qualification légale.

Les dispositions qui édictent des peines disciplinaires à raison de certains faits n'ont rien de limitatif. C'est ce qui a été reconnu par la Cour de cassation dans plusieurs arrêts.

« Attendu en droit — porte un arrêt du 20 juillet 1841 — qu'à la différence des cas où il s'agit de crimes, délits ou contraventions, c'est en général seulement que la loi de ventôse a pu s'occuper des fautes imputables aux notaires, non pas comme simples citoyens, mais comme officiers publics dont la conduite, l'honneur, la délicatesse doivent être au niveau de la dignité et de l'importance sociale du ministère qui leur est confié ; que par conséquent dans l'impossibilité de les prévoir toutes et d'en fixer les qualités particulières et les caractères spéciaux, elle a dû s'en rapporter et s'en est rapportée exclusivement pour cela aux lumières et à la conscience des juges. » (Sir. 41. 1.694. Voir aussi Cass. 24 juin 1828. Sir. 28. 1,370, et la circulaire ministérielle du 12 janvier 1843.)

Pour l'appréciation des infractions disciplinaires, les juges ont un pouvoir très étendu, non seulement lorsqu'il s'agit de décider quels sont les faits auxquels une peine doit être appliquée, mais encore lorsqu'il s'agit de déterminer le degré de culpabilité. Ils peuvent chercher toutes les circonstances qui atténuent et excusent la faute commise. Ils peuvent trouver dans le passé de l'inculpé des raisons de se montrer particulièrement indulgents. Ils peuvent même absoudre l'inculpé bien que l'existence d'une infraction leur semble matériellement établie.

Mais il faut faire ici quelques distinctions :

S'agit-il d'un fait qui peut constituer un manquement à l'honneur ou à la délicatesse mais qui n'est ni prévu ni puni par une disposition disciplinaire ? Le juge, tout en reconnaissant l'existence du fait matériel, peut cependant se dispenser de prononcer une peine. En agissant ainsi il ne viole aucun texte. Il peut trouver dans l'ensemble de la conduite de l'officier public, dans les regrets qu'il a témoignés, l'assurance qu'un tel fait ne se produira plus, et il peut estimer qu'une peine n'est plus dès lors nécessaire pour prévenir le retour d'une nouvelle infraction.

Faut-il décider de même en ce qui concerne un fait qu'aucun texte ne punit disciplinairément, mais qui constitue cependant une infraction à la loi? Les juges peuvent-ils encore, tout en reconnaissant que le fait a été commis, se dispenser de prononcer une peine, en raison de circonstances favorables à l'inculpé? Il faut répondre affirmativement. En effet, ici encore aucune disposition pénale ne sera violée. Mais les tribunaux doivent se garder de déclarer le fait licite ; ce qu'ils peuvent faire c'est, tout en constatant que le fait est illicite, déclarer qu'en raison de la bonne foi de l'auteur ou d'autres circonstances, il n'y a pas lieu de le punir. Un jugement du tribunal de Lyon du 16 janvier 1841, a décidé « que si le fait » imputé à un notaire n'est pas du nombre de ceux spéciale- » ment déclarés par la loi passibles d'une peine disciplinaire, » la question de savoir si ce fait est punissable, est complète- » ment abandonnée à l'appréciation des tribunaux. » (*J. des Notaires*, art. 10.881.)

Ce jugement fut confirmé par la Cour de Lyon. L'arrêt déclare que le fait imputé au notaire, d'après les circonstances justificatives qui l'environnent, ne peut être considéré comme étant de nature à motiver une peine disciplinaire.

Mais lorsqu'il s'agit d'un fait que la loi frappe spécialement d'une peine de discipline, le pouvoir d'appréciation que nous

avons reconnu aux juridictions disciplinaires n'existe plus.
L'excuse de la bonne foi ne peut plus être admise, car il s'agit
de faits que les officiers publics sont sensés ne pouvoir ignorer.
Non seulement le juge disciplinaire doit prononcer une peine,
mais il doit prononcer celle qui est édictée spécialement par
la loi sans pouvoir l'adoucir au moyen des circonstances atté-
nuantes. En matière disciplinaire il n'existe aucune disposition
analogue à l'art. 463 du Code Pénal. — Jugement des tribunaux de Roanne du 5 décembre 1844. — J. des notaires, art.
12.378. — Cass. 13 mai 1807. Sir. 7.2. 109.

<h2 style="text-align:center">§ 2.</h2>

DES PREUVES.

L'action disciplinaire diffère-t-elle aussi des autres actions
par le mode de preuve qu'elle permet?

Les dispositions disciplinaires, a-t-on dit, sont muettes sur
les preuves à employer. Les principes généraux en matière de
preuve doivent donc être appliqués à défaut de textes. Ces
principes sont contenus dans les articles 1341 et suivants du
Code civil. En vain peut-on soutenir que ces articles ne sont
applicables qu'en matière civile. On est bien forcé de les
appliquer en matière criminelle lorsqu'il s'agit d'une violation
de dépôt ou de mandat pour établir l'existence du contrat civil
qui aurait été violé. Pourquoi en serait-il autrement en matière
disciplinaire ?

Du reste, l'action disciplinaire est une action civile. En effet,
elle est intentée devant des juridictions qui sont plutôt civiles
que criminelles. La plupart des officiers ministériels sont justiciables de l'assemblée générale des tribunaux ; les notaires

sont justiciables du tribunal civil. De plus il pourrait arriver que l'on se serve d'un moyen détourné pour éluder les preuves admises par le Code civil. En matière de discipline notariale, les tribunaux peuvent statuer sur la poursuite disciplinaire et sur la demande en dommages-intérêts qui est formée en raison des mêmes faits. La partie civile pourrait-elle obtenir indirectement ce qui lui serait refusé par la voie de l'action civile?

Nous croyons que cette doctrine doit être repoussée. Dans une poursuite disciplinaire, il ne s'agit ni de réprimer une infraction à l'ordre social, ni de donner satisfaction à un intérêt privé. Nous ne sommes ni en matière pénale ni en matière civile. Il n'y a aucune raison pour appliquer à l'action disciplinaire des règles qui auraient pour effet de gêner la recherche des faits qui ont porté atteinte à l'honneur et à la considération des fonctionnaires.

De ce que l'action disciplinaire peut s'intenter devant les juridictions civiles, il ne s'en suit pas qu'elle soit une action civile. Dans certains cas, elle peut s'intenter devant les juridictions correctionnelles, ce qui n'en fera pas davantage une action publique. Ce n'est pas la juridiction qui détermine la nature d'une action. Lorsqu'une action civile est intentée devant un tribunal correctionnel, elle reste civile et exige les mêmes modes de preuve que devant le Tribunal civil.

Peu importe que le même juge soit investi de la juridiction disciplinaire et de la juridiction civile à raison des mêmes faits. Chaque action suivra ses règles propres et l'action civile ne profitera pas des immunités accordées à l'action disciplinaire.

Cette doctrine a été consacrée par un arrêt de la Cour de cassation, en date du 5 juillet 1858. Sir. 58. I. 609.

De cette théorie, la Cour de cassation déduit cette conséquence : qu'un officier ministériel poursuivi disciplinairement pour violation de dépôt ne peut opposer une fin de non recevoir tirée de l'absence d'une preuve littérale ou d'un commencement de preuve par écrit du dépôt allégué.

Un arrêt de la cour de Rennes a appliqué ces principes en déclarant que les juges peuvent admettre la preuve testimoniale pour établir la fausseté des énonciations contenues dans les actes notariés, afin de punir l'infraction disciplinaire « : En droit, considérant que le ministère public est libre d'opter entre la voie criminelle et la voie disciplinaire ; — Considérant que s'il avait pris la première de ces voies on ne pourrait pas, sauf les cas objets d'une exceptiou spéciale, lui contester le droit de prouver son allégation par tous moyens, même par la preuve testimoniale ; — Considérant qu'il en doit être ainsi quand le ministère public opte pour la voie disciplinaire, sans quoi on briserait dans sa main l'arme que la législation y a placé. » 21 déc. 1843. Sir: 44.2.407.

Un arrêt de la Cour de Nîmes du 3 février 1869, prononçant une peine disciplinaire contre un officier public pour faits d'immoralité, a compris au nombre de ces faits une complicité d'adultère, bien qu'on n'eût relevé contre l'inculpé aucune des preuves exigées par l'article 338 du code pénal.

La Cour de cassation a rejeté le pourvoi formé contre cet arrêt : « Attendu qu'il ne s'agissait pas dans la cause d'une poursuite en complicité d'adultère intentée par un mari, mais bien d'une poursuite disciplinaire exercée par le ministère public contre un notaire pour faits d'immoralité ; que les règles spéciales de l'article 338 du code pénal étaient sans application à cette poursuite. » 20 juillet 1869. Sir. 70.1.14.

§ 3.

LITISPENDANCE.

Lorsqu'une action civile est intentée à raison d'un fait qui est déjà poursuivi au correctionnel ou au criminel devant un autre tribunal, l'art. 3 du code d'Instr. cr. décide que l'exercice de l'action civile sera suspendu tant qu'il n'aura pas été statué sur l'action publique.

Cette règle est-elle applicable en matière disciplinaire ?

Deux cas peuvent se présenter dans lesquels cette question se posera. Une action criminelle est intentée en même temps qu'une action disciplinaire au sujet du même fait. Faudra-t-il que l'exercice de l'action soit suspendu jusqu'à ce que les juges aient statué au criminel ? — Une action en dommages-intérêts est intentée à raison de faits qui sont poursuivis disciplinairement. Y a-t-il lieu de surseoir à statuer sur cette action jusqu'à ce qu'il ait été statué définitivement sur l'action disciplinaire ?

Dans l'un et l'autre cas, les actions civile ou disciplinaire ne peuvent être repoussées pour cause de litispendance. En effet, d'une part, les actions publique et disciplinaire sont entièrement distinctes l'une de l'autre, si bien que la chose jugée pour l'une n'a aucune influence sur l'autre. — D'autre part, comme l'action disciplinaire n'est pas subordonnée au préjudice que peut avoir éprouvé un tiers, elle n'est pas liée par la décision rendue sur l'action civile ; il n'y a donc aucun inconvénient à ce que les deux actions soient exercées simultanément devant deux juridictions différentes.

La Cour de cassation a jugé le 21 septembre 1815 qu'un

avoué pouvait poursuivre pour dénonciation calomnieuse l'auteur d'imputations dirigées contre lui, quoique déjà la Chambre des avoués fut saisie de la connaissance des faits imputés, pour appliquer, en tant que de besoin, des peines de discipline. S. 23.1.332.

Le garde des sceaux, dans une instruction du 11 juillet 1835, a décidé que la destitution d'un notaire qui a abandonné sa résidence pour se soustraire à une action criminelle dirigée contre lui, peut être poursuivie judiciairement sans attendre le résultat de cette action.

Un notaire était poursuivi par la Chambre pour avoir refusé systématiquement de payer une cotisation établie par le règlement; il avait introduit devant le tribunal une demande en nullité de ce règlement. La cour de cassation a décidé que cette demande ne pouvait entraver l'action disciplinaire, parce que l'exception de litispendance ne peut être admise qu'à l'occasion de deux demandes ayant le même objet. 2 déc. 1856. D. P. 57.1.261.

Un arrêt de la Cour de Lyon du 27 nov. 1873 décide que l'art. 3 du code d'Instr. criminelle n'est pas applicable quand, pour un même fait, un officier ministériel est l'objet de poursuites criminelles et de poursuites disciplinaires. « Considérant qu'il ne peut y avoir contrariété de jugements entre les décisions de la justice criminelle et celles de la justice disciplinaire, même sur les mêmes faits, parce que les règles d'appréciation sont complètement différentes ». (Sir. 74.2.88.)

Cependant les juges disciplinaires ont le droit de surseoir, s'ils le jugent convenable, jusqu'à la décision de la justice criminelle. C'est ce qui arrivera si les faits sont constatés par les pièces d'une procédure criminelle qui est en cours d'instruction. Il n'y a pas là litispendance, mais le sursis vient de ce qu'il est impossible de constater l'infraction à cause du secret des procédures criminelles.

Les juges disciplinaires peuvent aussi par mesure de convenance surseoir à prononcer une condamnation pour des faits poursuivis devant la juridiction criminelle, afin que leur décision n'ait pas une influence fâcheuse pour l'accusé. Mais le sursis n'est pas de droit : il ne peut leur être imposé.

<h2 style="text-align:center">§ 4.</h2>

<h3 style="text-align:center">NON RETROACTIVITÉ DES LOIS.</h3>

Le principe de la non retroactivité des lois, qui se trouve écrit dans l'art. 2 du code civil, est-il applicable en matière disciplinaire ?

Ce principe est certainement applicable en matière pénale et même il doit y être entendu plus strictement qu'ailleurs. En effet la règle est qu'il n'y a nulle peine sans loi. D'où les conséquences suivantes : — Un fait qui n'était pas punissable sous l'empire de l'ancienne loi ne peut être puni d'après la nouvelle s'il a été commis avant sa promulgation. — Si une peine plus forte a été édictée, elle ne sera pas applicable aux faits qui ont été commis sous l'empire d'une loi plus douce.

Il semblerait que ces principes doivent s'appliquer aux dispositions disciplinaires qui elles aussi édictent des peines. Pourtant la cour de cassation a statué en sens contraire.

D'après l'art. 59 de la loi du 20 avril 1810, un magistrat ne pouvait être frappé de la peine de la déchéance, qu'à la suite d'une condamnation prononcée par un tribunal criminel, correctionnel ou de simple police. Pour les faits non qualifiés par la loi, la peine la plus forte était la suspension. — Le décret du 1ᵉʳ mars 1852 a permis à la cour de cassation de prononcer la déchéance contre un magistrat qui n'aurait été condamné qu'à une peine disciplinaire. La disposition de cet article pouvait-elle être appliquée à un fait antérieur au décret? La cour de cassation a décidé affirmativement. (9 nov. 1852. Sir. 58. 1.610, en note.)

D'après cet arrêt les mesures disciplinaires « ne sont pas de véritables peines, mais des moyens institués pour maintenir par des raisons d'ordre et d'intérêt public l'autorité morale et le respect du corps auquel appartient le fonctionnaire poursuivi disciplinairement; elles s'attachent moins aux faits eux mêmes qu'aux conséquences de ces faits sur la considération du fonctionnaire et sur la dignité du corps dont il est membre, c'est-à dire à cet effet moral qui, à la différence du fait dont il découle, a un caractère successif et permanent ». La cour en conclut que ces motifs ne permettent pas d'appliquer en matière disciplinaire le principe formulé en l'article 2 du code civil.

§ 5.

CUMUL DES PEINES.

En matière disciplinaire doit-on appliquer la disposition de l'art. 365-2°. Inst. crim. qui décide qu'en cas de conviction de plusieurs crimes ou délits la peine la plus forte sera seule prononcée. Y a-t-il là une règle générale et essentielle applicable à toutes les juridictions chargées de prononcer des peines. La Cour de cassation ne l'admet pas, car elle est aujourd'hui fixée en ce sens que l'art. 365-2° ne s'applique pas aux contraventions. En prohibant le cumul des peines applicables aux crimes et aux délits, le législateur a été déterminé tant par la nature des peines et les limites du droit de punir, que par l'intérêt même de l'humanité et de l'amendement des coupables. Ces motifs qui ne sont pas applicables aux peines de simple police ne le sont pas d'avantage aux peines disciplinaires. (Sir. 42. 1,496. Cass. 7 juin 1842.)

L'article 14 de l'ordonnance du 4 janvier 1843 porte que la Chambre pourra prononcer soit le rappel à l'ordre, soit la censure simple, soit la censure avec réprimande, etc. Le mot soit semble bien indiquer qu'une de ces peines seulement doit être infligée. En matière disciplinaire, les faits punissables n'étant pas strictement déterminés par la loi, ne peut-on pas dire que tous les faits relevés à la charge de l'inculpé constituent non des infractions différentes mais des éléments d'une même infraction.

Pour beaucoup de peines disciplinaires le cumul serait un pléonasme, une superfétation, car il arrive souvent que la peine plus forte contient en elle même la peine inférieure. Ainsi la destitution contient la suspension, la censure contient le rappel à l'ordre.

C'est pourquoi en fait le juge disciplinaire lorsque plusieurs infractions seront poursuivies en même temps, ne prononcera souvent qu'une seule peine. Mais il n'y a pas là pour lui une nécessité.

Toutefois lorsqu'une seule infraction est poursuivie devant la juridiction disciplinaire il est certain qu'une seule peine doit être prononcée. C'est donc à tort que la chambre des notaires de Dijon, le 3 août 1835 a prononcé pour un même fait contre un notaire, cumulativement l'interdiction de l'entrée de la chambre et la privation de voix délibérative à l'assemblée générale. (*J. des Notaires*, art. 9,135).

Mais un fait, pouvant constituer à la fois un crime ou un délit et une infraction disciplinaire, peut être puni par le tribunal de droit commun et par la juridiction disciplinaire. Il n'y a pas là cumul des peines, car les deux peines ne sont prononcées ni dans le même but, ni pour la même infraction. Toutefois le juge disciplinaire, s'il est en même temps juge de droit commun, peut ne prononcer qu'une seule peine, s'il la juge suffisante.

CHAPITRE DEUXIÈME.

Fins de non-recevoir.

Dans ce chapitre nous examinerons si certaines fins de non-recevoir applicables aux actions civile et publique sont aussi opposables en matière disciplinaire.

Nous nous occuperons, dans six paragraphes, de la chose jugée, de la prescription, de la démission et du décès de l'officier public, du démembrement du territoire.

Nous étudierons aussi une fin de non-recevoir spéciale à l'action disciplinaire tirée de ce que le fait incriminé est antérieur à l'entrée en fonctions.

§ 1ᵉʳ.

CHOSE JUGÉE.

Pour étudier l'influence de la chose jugée en matière disciplinaire, voyons ce qui se passe en matière civile et en matière criminelle.

En matière civile, une présomption de vérité est attachée à la chose jugée.— Une demande est portée devant un tribunal et déjà un jugement définitif est intervenu sur une demande identique. La partie qui a obtenu ce jugement peut se prévaloir de l'autorité de la chose jugée et aucune preuve contraire ne peut être admise contre la présomption qu'elle invoque. Mais, pour qu'elle triomphe, il faut certaines conditions énumérées par l'art. 1351 du Code civil. Il faut qu'entre les deux demandes il y ait identité d'objet, identité de cause, identité de personnes.

En matière criminelle, la même présomption existe. L'art. 360 du Code d'Inst. crim. en fait une application en décidant que « toute personne acquittée légalement ne pourra plus être reprise ni accusée à raison du même fait. Par la force des choses, l'objet, la cause, seront toujours les mêmes. L'objet ici sera la punition de la personne poursuivie. La cause sera la nécessité de réprimer l'infraction.— L'une des parties, le ministère public, étant toujours la même, il ne faudra se préoccuper que de l'identité de l'autre.

En matière disciplinaire, l'autorité de la chose jugée ne peut être méconnue. Il est indispensable que toutes les décisions prises par une juridiction quelconque jouissent de cette autorité. — Il importe à la considération et à la dignité des juridictions disciplinaires, aussi bien que de toutes les autres, que leurs décisions ne puissent être sans cesse discutées et modifiées et qu'on évite le conflit fâcheux des jugements contradictoires rendus entre les mêmes personnes et pour les mêmes faits.

Seulement, comme en matière civile et criminelle, il faut que ces décisions soient définitives. On ne comprendrait pas, en effet, qu'un jugement fût réputé l'expression de la vérité lorsqu'il est susceptible d'être réformé.— Aussi les jugements rendus hors de la présence de la personne poursuivie ou sans que celle-ci ait présenté ses moyens de défense, ne jouissent pas de la force de la chose jugée tant que l'opposition est recevable.— Il en est de même pour les jugements rendus à l'audience, contre lesquels la voie de l'appel est ouverte, pour les décisions rendues par les tribunaux en assemblée générale, qui peuvent être réformées par le Ministre de la Justice, pour les décisions émanées des Chambres de discipline qui ne font pas obstacle à ce que de nouvelles poursuites aient lieu devant les tribunaux statuant disciplinairement.

L'autorité de la chose jugée s'oppose à ce qu'une personne soit jugée deux fois devant la même juridiction à laquelle on demanderait de se rétracter. Pourtant cette règle n'est pas toujours suivie lorsqu'il s'agit de Chambre de discipline : ces juridictions de famille ont quelquefois permis au condamné de leur apporter des moyens de défense qu'il justifiait ne pas avoir pu produire plus tôt.

Mais si le caractère paternel de ces juridictions leur permet de revenir sur une décision , il ne faut pas en conclure qu'il n'y a là que chose jugée provisoire, comme, par exemple, dans le cas d'une ordonnance de non-lieu. En effet, la seule dérogation qui puisse être permise ici à la chose jugée est celle qui consiste à revenir sur une peine trop sévère dans l'intérêt de l'inculpé. Mais l'autorité de la chose jugée s'opposerait à ce qu'une juridiction de discipline intérieure pût revenir sur une décision prononçant un acquittement ou pût aggraver une peine prononcée. — Voir un arrêt de la Cour de Chambéry, du 25 janvier 1871, duquel il résulte que les décisions des Conseils de discipline des avocats ont l'autorité de la chose jugée. (Sir. 71, 2, 140.)

La chose jugée s'oppose à ce qu'un tribunal ou une Chambre statue sur un fait qui a déjà été jugé par un autre tribunal ou une autre Chambre. Ainsi lorsqu'un officier ministériel a changé de résidence, le tribunal du nouveau ressort ne peut connaître des infractions qui ont été jugées par le tribunal de l'ancien ressort.

Un officier public a comparu devant le tribunal et une décision est intervenue. Peut-il être cité pour les mêmes faits devant la chambre de discipline ? Réciproquement, le tribunal peut-il juger un officier public pour un fait qui a déjà fait l'objet d'une décision de la chambre de discipline ? — En principe, les deux juridictions sont indépendantes l'une de l'autre et ont le droit d'exercer leur pouvoir disciplinaire dans les limites de leur compétence. Du reste on comprendrait mal qu'une chambre de discipline en acquittant un officier ministériel ou en lui infligeant une peine légère pût empêcher le tribunal de le frapper de la peine grave que mérite l'infraction dont il est coupable. — Blois 8 février 1837. Dalloz v° Notaire n° 790. — Castellane 5 janvier 1844 D. P. 45. 2.66. — Toulouse 31 décembre 1844. D. P. 45. 2.66.

Lorsqu'une chambre a infligé à un officier ministériel une peine de discipline intérieure, le tribunal peut être saisi de l'affaire et peut prononcer une peine grave. Il en est de même quand l'officier ministériel a été renvoyé des poursuites par la chambre.

Mais lorsque la chambre n'a prononcé aucune peine contre l'inculpé, le tribunal peut-il lui infliger une peine de discipline intérieure ? D'après la jurisprudence les tribunaux ne peuvent être saisis d'une poursuite tendant à l'application d'une peine de discipline intérieure, que lorsque les chambres de discipline négligent leurs pouvoirs disciplinaires. Aussi dans notre hypothèse, la chambre n'ayant pas omis de statuer, le tribunal ne peut plus être saisi que d'une action tendant à une peine grave. S'il estime que la faute ne mérite pas une peine aussi forte, l'action disciplinaire se trouve éteinte.

Il en est à plus forte raison de même lorsque l'inculpé a été condamné par la chambre de discipline.

Lorsqu'un officier public a été jugé disciplinairement par le Tribunal, il ne peut plus l'être de nouveau pour le même fait par la juridiction de discipline intérieure. L'inculpé a-t-il été acquitté par le Tribunal? Cette juridiction supérieure a jugé qu'il n'y avait pas lieu, non seulement de lui infliger une peine grave, mais même de prononcer contre lui une peine légère. En effet, d'après la jurisprudence de la cour de cassation, le tribunal avait le droit d'appliquer même une peine de discipline intérieure.

Si le tribunal a infligé une peine à l'inculpé, une seconde peine ne peut lui être appliquée par la chambre, sans que l'on viole la régle du non cumul des peines qui veut que deux peines ne puissent être appliquées à une même personne à raison du même délit.

Lorsqu'une personne a déjà été poursuivie devant une juridiction pénale, la chose jugée au criminel a-t-elle une influence sur l'action disciplinaire. — Des officiers ministériels acquittés en cour d'assises et qui étaient poursuivis disciplinairement à raison des faits qui avaient motivé leur mise en accusation prétendaient qu'il y avait chose jugée et qu'ils ne pouvaient plus être inquiétés de ce chef. — L'art. 360 du code d'Instruction criminelle est ici applicable, disaient-ils. Il s'agit en effet d'une peine à prononcer : or la loi défend d'appliquer une peine à un fait pour lequel un acquittement a déjà été prononcé. Et elle n'interdit pas seulement une condamnation, elle interdit toute poursuite pour un fait déjà déclaré innocent. Ce mot poursuite est général ; il comprend bien évidemment tout acte qui appelle, devant un tribunal quelconque pour y être jugé, l'individu antérieurement acquitté.

Mais de nombreux arrêts de cassation ont repoussé cette doctrine qui tend à une assimilation erronée de l'action publique et de l'action disciplinaire. Comme nous l'avons déjà dit, ces deux actions diffèrent par leur but. L'une a pour objet la répression des crimes, délits et contraventions spécialement prévus par la loi ; l'autre tend à réprimer tout fait qui porte atteinte aux principes d'honneur et de délicatesse qui doivent être gardés dans les diverses classes d'officiers publics. Les faits de cette nature ne sont pas définis, leur appréciation est laissée à la sagesse des juges. Aussi la poursuite criminelle ne préjuge en rien l'exercice de l'action disciplinaire, qu'il y ait condamnation ou acquittement. Au cas d'acquittement, la déclaration du jury en écartant la criminalité du fait, n'exclut pas son existence matérielle. Ce fait peut être apprécié comme un manquement à l'honneur et aux devoirs professionnels. L'acquittement en matière criminelle n'empêche donc pas de poursuivre disciplinairement à raison des mêmes faits. — Cass. 27 nov. 1838. Sir. 38. 1 965. — Limoges, 21 juin 1838. Sir. 39. 2.143. — Cass. 13 janv. 1825. Sir. 25. 1.257. — Cass. 29 déc. 1836. Sir. 37. 1.53.

On peut dire du reste, qu'en notre matière, les éléments nécessaires pour qu'il y ait chose jugée ne se rencontrent pas. S'il y a identité de personne, il n'y a pas identité d'objet. D'un côté, le fait est envisagé comme un crime ou un délit, de

l'autre, il est considéré comme un manquement à l'honneur.—
Il n'y a pas identité de cause : d'une part, la cause de l'action
est une violation des règles de morale qui régissent la société
entière, d'autre part, c'est une infraction à des devoirs professionnels spéciaux à une corporation.

Voilà le principe, la chose jugée au criminel n'est pas chose
jugée en matière disciplinaire. Pourtant est-ce à dire que le
jugement correctionnel 'ou l'arrêt de la cour d'assises n'aura
aucune influence sur les poursuites postérieures devant les
juridictions de discipline. Non, car il est certain qu'il ne faut
pas qu'il y ait contradiction entre les deux décisions. Ainsi il
a été décidé que le fait prétendu est inexistant, que la partie
poursuivie n'en est pas l'auteur, qu'il n'y a de la part de cette
partie aucune faute quelconque : il faut en conclure qu'il n'y
a pas plus lieu de prononcer une peine disciplinaire qu'une
peine criminelle. C'est en ce sens qu'il ·faut sans doute
entendre un arrêt de cassation qui, à première vue, semble
contredire ceux que nous avons déjà cités. Cass. 24 janv.
1837. Sir. 37. 1.122.

— Les différences que nous venons de signaler entre l'action
publique et l'action disciplinaire nous amènent à conclure qu'une
décision, rendue en matière de discipline, n'a aucune influence
en matière criminelle. Au surplus, nous pouvons remarquer
que les moyens de preuve et les conditions de formes ne sont
pas les mêmes devant les juridictions disciplinaire et criminelle. En outre, la condamnation à une peine de discipline ne
prouve pas que le fait soit un crime ou un délit. Un fait punissable par la juridiction repressive peut ne pas constituer une
infraction disciplinaire.

—Devant un tribunal civil, une personne intente une action

contre un officier public à raison d'un fait qui a motivé des poursuites disciplinaires. La décision de la juridiction de discipline ne doit avoir aucune influence sur l'action civile. L'action disciplinaire appartient à une sorte de juridiction domestique affranchie dans ses recherches et ses preuves des règles ordinairement suivies. En dehors du but qu'elles se proposent d'atteindre, ses décisions ne sauraient avoir l'influence de jugements proprement dits.— De plus, le jugement civil est rendu entre autres parties que celles qui figurent au jugement disciplinaire, ni le syndic ni le ministère public ne sont parties devant la juridiction civile.

D'après un arrêt de la cour de cassation du 25 novembre 1856, la décision disciplinaire, qui condamne un notaire pour avoir reçu un acte dans lequel il était intéressé, n'a pas l'autorité de la chose jugée sur le point de savoir si cet acte doit être annulé à cause de l'intérêt qu'y avait le notaire qui l'a reçu. Par suite, le jugement qui rejette la demande de nullité de cet acte, en se fondant sur ce que le notaire qui l'a reçu n'y avait aucun intérêt, ne contrevient pas à l'autorité de la chose jugée. (Sir. 57. 1. 449.)

Un arrêt de la cour de Nancy du 10 mai 1873, déclare que la décision disciplinaire qui condamne un notaire pour avoir détruit un acte sous-seing privé, n'a pas l'autorité de la chose jugée sur le point de savoir si le notaire a détruit cet acte. (Sir. 73. 2.231.)

— La chose jugée au civil ne peut avoir aucune influence sur la décision disciplinaire. En matière pénale, excepté lorsqu'il s'agit d'une question préjudicielle, le jugement rendu sur l'action civile n'a aucune influence sur l'action publique. Or, l'action disciplinaire est une sorte d'action publique qui doit elle aussi s'exercer en toute liberté, sans qu'on puisse opposer des décisions rendues sur des intérêts privés. De plus, comme nous l'avons vu plus haut, dans les deux actions, les parties ne sont pas les mêmes.

§ 2.

PRESCRIPTION.

La jurisprudence décide que l'action disciplinaire est imprescriptible, et que par suite un officier ministériel peut être poursuivi disciplinairement pour des faits à l'égard desquels l'action publique serait éteinte par la prescription.

L'action disciplinaire, disent les arrêts, n'a rien de commun avec l'action publique ; celle-ci n'atteint que les faits définis par la loi et qualifiés crimes ou délits, celle-là envisage les faits comme des manquements à l'honneur et à la délicatesse professionnelle, indépendamment de toute qualification légale. En matière criminelle, la peine a pour but non-seulement d'infliger un châtiment au coupable mais surtout de faire un exemple et d'inspirer une crainte salutaire dans la société D'où on comprend, qu'au bout d'un certain temps, le souvenir du fait coupable s'étant effacé, le besoin de l'exemple a disparu et la peine a perdu presque toute son utilité.

On a pu dire en sens contraire, que la prescription est un mode général d'extinction de toutes les actions, que par conséquent, elle doit toujours s'appliquer, à moins qu'il n'y ait exception expresse. Or, cette exception ne se trouve dans aucune des dispositions légales qui régissent les matières disciplinaires.

Mais quelle prescription choisir ? Celle de l'action civile ou

celle de l'action criminelle ? On a proposé cette dernière.
L'action disciplinaire dérive de l'action criminelle ; comme
celle-ci, elle est intentée dans l'intérêt de la société, exercée
en son nom et par son représentant ; comme elle, elle tend à
réprimer des faits coupables et elle y parvient en prononçant
des peines. — Si l'on ne veut pas admettre la prescription
édictée pour les délits, on ne peut se refuser à appliquer la
prescription établie pour les crimes ; il est impossible de se
montrer plus sévère pour des infractions professionnelles que
pour des faits qui peuvent être punis de la peine de mort. —
En vain dira-t-on que les manquements à l honneur ne peuvent
être couverts par un laps de temps. Ne voit-on pas la réhabili-
tation permettre d'effacer les conséquences des condamnations
et rendre au condamné l'honneur qu'il avait perdu. Enfin une
des raisons principales qui ont fait admettre la prescription en
matière criminelle ne se retrouve-t-elle pas ici. N'est-il pas à
craindre qu'au bout de dix ans, l'officier ministériel ait perdu
les moyens de justification qu'il aurait pu fournir s'il avait été
poursuivi plus tôt ?

En l'absence de textes, il nous paraît difficile d'admettre en
matière disciplinaire une prescription dont on ne pourrait
préciser la durée. Quoiqu'en dise le dernier système, l'action
disciplinaire ne peut être assimilée à l'action criminelle. Nous
avons déjà énuméré les différences qui séparent ces deux
actions.

Malgré l'absence de toute disposition concernant la prescription, les juges devront néanmoins tenir compte du temps qui
a pu paralyser les moyens de défense de l'officier ministériel
poursuivi, et en pratique on n'invoquera, contre lui des faits

anciens, que lorsqu'ils viendront se joindre à des manquements professionnels plus récents.

Cass. 30 Décembre 1824. Sir. 25. 1. 257. Cass. 28 Avril 1839. Sir. 39. 1. 471. Limoges, 21 Juin 1838. Sir. 39. 2. 143. — Contra Bourges 20 Avril 1825 Sir. 26. 2. 63.

§ 3.

DÉMISSION DE L'OFFICIER PUBLIC.

Nous avons déjà vu que les officiers publics ne sont soumis à la juridiction disciplinaire que lorsqu'ils sont en fonctions. Aussi les infractions à la discipline qu'ils ont commises ne peuvent plus être poursuivies lorsque leurs fonctions ont cessé.

Un jugement du tribunal de Vassy a décidé qu'un officier public ne pouvait plus être poursuivi disciplinairement après l'installation de son successeur. (Du 23 Novembre 1828. Dalloz. Vº Notaire).

La Cour de Cassation a décidé également que la démission donnée par un notaire et acceptée mettait obstacle aux poursuites disciplinaires. En conséquence, le Ministère Public n'était pas recevable à donner suite à une demande en destitution déjà formée ; notamment à se pourvoir en cassation contre un arrêt rejetant cette demande. Cass. 11 juillet 1827, Sir. 27, 1. 511.

Aussi un officier public peut échapper aux poursuites en faisant accepter sa démission. Mais il faut que cette démission soit acceptée. Cass. 12 avril 1837. Sir. 37. 1. 292 — 7 avril 1851 Dalloz P. 51. 1. 90. Aussi une circulaire du 20 novembre 1837 du Ministre de la Justice prescrit au Ministère Public de ne pas accepter la démission d'un notaire inculpé de fautes disciplinaires.

De ce que la démission acceptée fait obstacle aux poursuites, il résulte que si un officier public a été condamné par défaut et qu'après avoir formé opposition il a été remplacé, la Chambre ou le Tribunal n'ont qu'à déclarer qu'il n'y a pas lieu de statuer. Le remplacement a soustrait l'officier public à la juridiction disciplinaire et l'opposition a fait considérer la condamnation antérieure comme non avenue.

Mais si l'opposition a été formée après le remplacement, elle ne peut plus produire pour l'inculpé aucun effet utile. En effet, puisqu'il n'est plus justifiable des tribunaux disciplinaires, ces juridictions ne peuvent plus statuer sur son opposition. Il reste donc forcément sous le coup de la décision qui l'a frappé.

De même que l'opposition, les autres voies de recours, notamment l'appel et le pourvoi en cassation ne sont plus possible, après que la démission a été acceptée. Seulement peu importe que le recours soit antérieur ou postérieur à l'acceptation de la démission, la situation de l'inculpé restera la même. En effet, ni l'appel ni le pourvoi en cassation par eux-mêmes ne font tomber la décision intervenue. Du moment que ces voies sont fermées la décision devient définitive.

Cette solution s'applique aussi bien au recours formé par le Ministère Public qu'à celui formé par l'inculpé. Mais le Procureur de la République, pour empêcher que le recours devienne inutile, n'a qu'à refuser la démission du titulaire, jusqu'à ce qu'il ait été statué.

§ 4.

DÉCÈS DE L'OFFICIER PUBLIC.

La mort de l'officier public éteint l'action disciplinaire. C'est un principe de notre droit qu'on ne peut prononcer une peine contre un défunt. Cela est vrai qu'il s'agisse d'une peine correctionnelle, criminelle ou d'une peine disciplinaire. Il n'est pas moins évident qu'une condamnation ne peut être prononcée contre les héritiers : en effet, les peines sont personnelles. — Pourtant des doutes se sont élevés à propos d'amendes édictées contre les officiers publics. On a soutenu qu'il ne s'agissait pas de véritables peines, mais plutôt de réparations civiles qui pouvaient être poursuivies contre les héritiers. La Cour de Nancy a décidé que les amendes dont les notaires sont passibles pour contravention à la loi du 25 ventôse an XI, ont le caractère de peines et que dès lors l'action pour les requérir ne peut être intentée contre leurs héritiers. Nancy, 30 août 1844. Sir. 44. 2. 630.

§ 5.

DÉMEMBREMENT DU TERRITOIRE.

La Cour de Cassation peut-elle statuer sur le recours d'un officier public contre une décision d'une chambre de discipline lorsque cette juridiction se trouve dans un arrondissement qui a été détaché du territoire français.

Un arrêt du 22 janvier 1872 se prononce pour la négative. Du moment que l'arrondissement (et par suite le canton) où résidait un notaire , a été séparé du territoire de la France , quelle que puisse être la nationalité pour laquelle il optera ultérieurement, ce notaire est devenu officier public étranger. Il relève, en matière disciplinaire, de la souveraineté du pays où il est domicilié et où il exerce son ministère. Dès lors il est soumis en cette qualité, à l'autorité et à la juridiction étrangère. D'où il suit que la Cour de Cassation n'a plus de juridiction pour statuer sur le pourvoi qui lui est déféré. Sir. 72. 1. 133.

§ 6.

FIN DE NON-RECEVOIR SPÉCIALE A L'ACTION DISCIPLINAIRE.

L'action disciplinaire a pour but de réprimer les fautes commises à l'occasion de certaines fonctions. Elle ne doit atteindre que les personnes qui remplissent ces fonctions. Si l'acte dont le fonctionnaire est inculpé a été commis par lui avant sa nomination ou même sa prestation du serment, il pourra opposer une fin de non-recevoir.

Il y a des cas où cela est évident. Les magistrats n'ont pas le droit de faire le commerce, mais si avant sa nomination un juge a fait un acte commercial, il ne peut encourir aucun reproche.

Il pourrait en être autrement s'il s'agissait de faits contraires à la morale ou à l'honneur. Le magistrat ou l'officier ministériel est punissable pour avoir trompé la confiance de ceux qui l'ont nommé à des fonctions dont il n'était pas digne.

Lorsqu'il s'agit d'un officier ministériel, on peut se demander si les faits punissables n'ont par été couverts par le certificat de capacité et de moralité délivré par la chambre et par la nomination émanant du Chef de l'État. Les faits punissables ont-ils été connus de la chambre et du pouvoir exécutif. En raison et en équité, le certificat de moralité et la nomination doivent être considérés comme ayant absous le passé. La chambre ne doit pas punir des faits qui ne l'ont pas empêchée de donner au candidat une attestation favorable. Les tribunaux ne peuvent suspendre le coupable ni le destituer des fonctions dont il a été investi en dépit de ses fautes.

Il n'en est plus de même si les faits ont été ignorés de la Chambre et du pouvoir exécutif.

La jurisprudence décide que les dissimulations de prix qui se produisent dans les cessions d'offices peuvent motiver une action disciplinaire. En faisant une contre-lettre, le cession naire et le cédant cherchent d'abord à frustrer l'enregistre- ment. Ils trompent ensuite les autorités dont ils doivent obtenir l'avis et le Gouvernement qui les nomme. L'acceptation du successeur de l'officier ministériel est toujours subordonnée à la vérification du prix de l'office, prix que la chambre peut toujours réduire s'il lui paraît exagéré. En produisant dans le traité un prix fictif, le cessionnaire commet une faute grave, soit qu'il se conforme à la contre-lettre et paie le prix convenu, soit qu'il cherche à se prévaloir d'une jurisprudence qui an- nule les contre-lettres et qu'il refuse de payer un prix plus élevé que celui porté au traité apparent. Dans ce dernier cas il aggrave sa faute en commettant un acte d'indélicatesse qui doit être aussi réprimé.

Des tribunaux avaient décidé que la dissimulation du prix, étant antérieure à l'entrée en fonctions. ne pouvait pas être punie par la juridiction disciplinaire à laquelle l'officier minis- tériel n'était pas encore soumis. — Jugement du Tribunal de Nantes du 11 février 1840. — Le jugement fut infirmé par la Cour d'appel de Rennes qui décida : « que le candidat qui dis-

simule le prix d'achat pour surprendre un brevet de nomination commet une mauvaise action, que cette action qui n'est
encore qu'un projet avant la délivrance du brevet se consomme
au moment de cette délivrance, affecte la qualité de notaire et
en est inséparable ; que le notaire qui a entaché son titre à
l'origine et qui entre en fonctions sous le patronnage de la
fraude s'est placé sous l'action disciplinaire attribuée aux tribunaux. » Rennes, 1er avril 1840. Sir. 40. 1. 155. Dans le même
sens Cass. 20 juillet 1841. Sir. 41. 1. 694. — Rouen, 27 mai
1845. Sir. 45. 1. 357. — Cass. 6 nov. 1850. Sir. 30. 1. 790.

Tous ces arrêts considèrent que la fraude commise relativement à la cession d'un office vicie la nomination elle-même,
et par suite peut être considéréee comme s'étant continuée
pendant toute la durée des fonctions que cette nomination
confère à l'officier public.

On admet généralement que, si lors de la nomination un fait
devant entraîner la destitution a été dissimulé, cette peine
pourra être prononcée bien que le fait soit antérieur à l'entrée
en fonctions. L'officier public a trompé la chambre et le Ministre. Il ne peut être maintenu en présence de faits qui portent
une telle atteinte à sa considération qu'ils le rendent indigne
de son titre. On peut dire ici que la dissimulation de l'acte
coupable est une faute qui a eu pour résultat de surprendre la
nomination et qui est censée se continuer pendant l'exercice
de ses fonctions.

Mais ces raisons ne s'appliquent plus à des faits qui ne
peuvent entraîner la destitution et qui ne sont passibles que
d'une peine moins grave.

Un juge ou un officier public qui accomplirait un acte de
ses fonctions avant d'avoir prêté serment pourrait être con-

damné aux peines prononcées par l'article 196 du Code Pénal. Mais ce fait pourrait-il motiver une peine disciplinaire ? On a dit : Il y a là une faute grave qui se rattache aux devoirs de la profession par conséquent une faute que les juridictions disciplinaires ont pour mission de punir. Cette faute est d'autant plus grave qu'elle entraîne une peine correctionnelle. Seulement le Ministère Public pourra apprécier si cette peine n'a pas été suffisante. — Pourtant, d'après la jurisprudence de la Cour de cassation, la faute antérieure à l'entrée en fonctions n'est punissable qu'autant qu'elle a pour but de surprendre la nomination. Il n'en est pas ainsi dans notre hypothèse et la faute ne peut pas être considérée comme se continuant pendant la durée de ses fonctions.

Le magistrat ou l'officier public pourra donc opposer dans ce cas une fin de non-recevoir.

TITRE DEUXIÈME.

JURIDICTIONS DISCIPLINAIRES.

Nous diviserons ce titre en trois chapitres. Dans un premier nous nous occuperons des juridictions auxquelles sont soumis les avocats et les officiers publics. Dans un second nous étudierons les juridictions dont les magistrats sont justiciables. Enfin, nous analyserons dans un troisième, les pouvoirs disciplinaires qui appartiennent au garde des sceaux.

CHAPITRE PREMIER.

Juridictions auxquelles sont soumis les Avocats et les Officiers publics.

Ces juridictions sont de deux sortes : les unes se composent de membres de l'ordre ou de la corporation chargés de juger leurs pairs ; les secondes ne sont autres que les cours et tribunaux. Nous étudierons dans deux sections les juridictions de famille et les juridictions supérieures des cours et tribunaux.

PREMIÈRE SECTION.

JURIDICTIONS DE FAMILLE.

—

§ 1er.

CONSEIL DE L'ORDRE DES AVOCATS.

Les dispositions qui régissent aujourd'hui la juridiction de famille des avocats sont renfermés dans les ordonnances du 20 novembre 1822 et du 27 août 1830.

Chaque année l'ordre des avocats procède à l'élection d'un conseil qui est chargé de veiller aux intérêts de la corporation et d'exercer sur l'ordre entier des droits de discipline.

Pour que le conseil puisse être valablement nommé, il faut que le nombre des avocats inscrits au tableau soit de six au moins. Art. 10 de l'ordonnance du 20 novembre 1822 et 2 de l'ordonnance du 27 août 1830. — Pour les barreaux qui comptent moins de six membres, c'est le Tribunal qui remplit les fonctions de conseil de discipline. Néanmoins, le Tribunal doit désigner un bâtonnier qu'il choisit, sur les diligences du Procureur de la République, parmi les avocats inscrits au tableau.

Le bâtonnier est le chef de l'Ordre et le Président du Conseil de discipline. Il préside toutes les réunions du conseil et nomme les rapporteurs chargés d'examiner les plaintes qui sont portées contre les membres du barreau.

Pour que le Conseil de l'ordre puisse statuer valablement, il faut que la majorité de ses membres soient présents. La Cour de Caen a exigé la présence des deux tiers des membres du Conseil, en s'appuyant sur l'art. 90 de la constitution de l'an VIII qui exige la présence des deux tiers des membres de tout corps constitué pour qu'il y ait délibération valable. Caen, 8 janvier 1830. Sir. 31.2.77.

Des auteurs, s'appuyant par analogie, sur l'art. 12 de l'ordonnance du 10 septembre 1817 concernant les avocats à la Cour de cassation, ont enseigné que la présence de la moitié plus un des membres était nécessaire (Mollot, profession d'avocat, tome 2, N°s 1 et 59).

Mais ces deux opinions ont été repoussées avec raison, selon nous par un arrêt de la Cour de Douai du 19 juillet 1879. Cet arrêt décide qu'on ne peut appliquer à l'ordre des avocats les dispositions d'une constitution politique ou d'une ordonnance concernant des officiers ministériels. A défaut de disposition contraire, il est de règle générale qu'une assemblée délibère valablement avec le concours de la majorité de ses membres. Enfin l'arrêt invoque une considération pratique. Lorsqu'un barreau est composé de six membres, d'après l'ordonnance du 27 août 1830, le Conseil de l'Ordre se composera de cinq d'entre eux. Les justiciables seront donc presque toujours membres du conseil. D'après les doctrines que nous combattons, quand deux avocats seraient appelés à comparaître devant cette juridiction, soit tous deux comme inculpés, soit l'un comme plaignant, l'autre comme inculpé, le conseil serait dans l'impossibilité de statuer. Tel n'est pas l'esprit de l'ordonnance de 1830 qui a voulu conférer aux conseils dans une large mesure, la mission de statuer exclusivement, sauf appel, en matière disciplinaire. Sir. 80.2.141.

Nous n'insisterons que sur les attributions du conseil qui touchent à la discipline.

Le Conseil de l'ordre doit « maintenir les principes de modération, de désintéressement et de probité, sur lesquels repose l'honneur de l'Ordre des avocats. » Art. 14, ord. de 1822. Cette formule embrasse dans sa généralité tous les droits et tous devoirs du conseil au point de vue disciplinaire.

Il appartient au Conseil d'apprécier l'attitude et la conduite professionnelle et même les actes de la vie privée. — Un avocat qui mènerait une vie notoirement immorale pourrait encourir les sévérités de ses pairs.

En ce qui touche les opinions politiques, l'art. 14 de l'ordonnance de 1822 a servi de prétexte à certains auteurs pour prétendre que les avocats n'avaient pas le droit d'exprimer publiquement des doctrines hostiles au gouvernement. Mais cette théorie n'a pas prévalu et l'on s'accorde à reconnaître à l'avocat la liberté la plus large dans la critique qu'il lui plait de formuler contre les actes du pouvoir.

Le Conseil peut mander devant lui l'avocat qui s'est rendu coupable de faits à raison desquels une autre juridiction s'est déclarée compétente. Mais la décision du Conseil est sans effet sur la sentence à intervenir. Ce point a été jugé par la Cour de Cassation le 22 juillet 1834. Sir. 34. 1. 457.

Les peines que peut infliger le Conseil de l'ordre sont les suivantes : Ordonnance du 20 nov. 1822. art. 18 ;

1° L'avertissement, 2° la censure avec réprimande ; 3° l'interdiction temporaire ; 4° la radiation du tableau ; 5° l'interdiction de faire partie du Conseil de l'ordre pendant un laps de temps qui ne peut excéder dix années.

Il y a deux peines que leur gravité semblerait devoir exclure du nombre des peines de discipline intérieure et qui peuvent cependant être prononcées par le Conseil de l'ordre contre les avocats. Ce sont : l'interdiction temporaire et la radiation du tableau. La première de ces deux peines correspond à la suspension des officiers ministériels ; la seconde à leur destitution.

Avocats à la Cour de Cassation.

Les règles que nous avons tracées sur le pouvoir disciplinaire du Conseil de l'Ordre des avocats, s'appliquent aux avocats à la Cour de Cassation. Il faut cependant signaler quelques différences de détail.

Le Conseil de discipline des avocats à la Cour de Cassation se compose de dix membres (art. 7 de l'ordonnance du 10 septembre 1807.) Le Président est nommé par le Garde des Sceaux et choisi par lui parmi trois candidats élus par leurs confrères. Les autres membres du Conseil sont nommés par l'Assemblée générale.

Le Conseil choisit dans son sein deux syndics et un trésorier. C'est l'un de ces syndics qui, en matière disciplinaire, remplit auprès du Conseil les fonctions de Ministère Public, art. 8.

Pour que le Conseil puisse délibérer valablement, il faut que six membres sur dix soient présents. Art. 12 de l'ordonnance de 1807.

§ 2.

CHAMBRES DE DISCIPLINE.

La plupart des corporations d'officiers publics possèdent des chambres de discipline. Il y a pourtant des exceptions.

Les commissaires priseurs ailleurs qu'à Paris n'ont pas de chambre de discipline.

Il en est de même des greffiers qui d'ailleurs ne forment point de corporation.

Les autres officiers publics : avoués, huissiers, commissaires priseurs dans les départements, notaires etc. sont justifiables de chambre dont les membres sont choisis dans la corporation et élus par leurs collègues. Nous allons étudier la composition de ces chambres de discipline pour chaque classe d'officiers publics.

Avoués. — La Chambre des avoués a été organisée par l'arrêté du 13 frimaire an IX. Cette chambre règle les différents entre les membres de la corporation et donne son avis sur l'aptitude et la moralité des candidats aux fonctions d'avoués.

Il y a une chambre d'avoué auprès de chaque tribunal de première instance et auprès de chaque cour d'appel. Le nombre des membres qui composen la chambre est déterminé par l'art. 4 de l'arrêté de l'an IX, selon le nombre des avoués près le tribunal ou la cour. — D'après l'ordonnance du 14 août 1832, lorsque les avoués sont plus de vingt, les membres ne peuvent être élus que parmi les avoués les plus anciens formant la moitié du nombre total.

Chaque chambre choisit dans son sein un président qui convoque la chambre et qui exerce la police d'ordre : sa voix est prépondérante en cas de partage ; un syndic qui exerce les poursuites; un rapporteur qui, comme son nom l'indique, après avoir recueilli les renseignements sur les faits reprochés aux inculpés en fait le rapport à la chambre ; un secrétaire qui rédige les délibérations et un trésorier qui tient la bourse commune. Art. 5 de l'arrêté de l'an IX.

Si les avoués étaient moins de quatre ils ne pourraient constituer une chambre. On décide dans ce cas en appliquant par analogie les dispositions de l'ordonnance de 1822 que c'est le Tribunal qui tient lieu de chambre syndicale.

Les peines que la Chambre peut prononcer contre les avoués sont : le rappel à l'ordre, la censure simple, la censure avec réprimande, l'interdiction de l'entrée de la Chambre. Art. 8 de l'arrêté de l'an IX.

Cet article ne fixe pas de durée pour cette dernière peine. Pour les huissiers le maximum de la même peine est de six mois ; pour les notaires il est de trois ans la première fois, de six ans en cas de récidive. Cette peine peut-elle être prononcée contre les avoués pour une durée illimitée ? Nullement, car il s'agit d'une peine qui est, de sa nature, temporaire. Les limites fixées en ce qui concerne les autres officiers ministériels le prouvent ; du reste, il serait excessif d'autoriser un tribunal de famille, statuant sur des faits de peu de gravité, à prononcer une peine perpétuelle ? Quelle doit être la durée de l'interdiction ? Nous sommes ici en matière pénale. Il faut dans le doute, trancher la question dans le sens de l'indulgence. Aussi déciderons-nous qu'il faut appliquer ici le réglement des huissiers qui fixe à la peine un maximum de six mois.

Si un avoué fait déjà partie de la Chambre, l'interdiction n'a pas pour conséquence de l'en exclure, elle l'empêche simplement d'assister aux séances. Autrement ce serait prononcer contre lui la déchéance de ses fonctions, peine qui n'est pas édictée par la loi. Si l'avoué ne fait pas partie de la Chambre, la peine de l'interdiction l'empêche d'être élu membre de la Chambre.

Huissiers. — Dans chaque arrondissement, les huissiers sont réunis en communauté, même ceux des Cours d'appel. Dans le département de la Seine, il n'y a qu'une seule communauté pour tous les huissiers, même ceux de la Cour de cassation. Art. 50 du décret du 14 juin 1813.

Chaque communauté élit une chambre syndicale dont le nombre des membres est déterminé par le décret de 1813. — Lorsque le nombre des huissiers est supérieur à vingt, les membres de la chambre ne peuvent être élus que parmi les huissiers les plus anciens en exercice formant la moitié du nombre total. Art. 1er de l'ordonnance du 6 octobre 1832.

Dans toute chambre d'huissiers, il y a un rapporteur, un trésorier et un secrétaire.

D'après le décret de 1813, le syndic devait être nommé : au chef-lieu de la cour, par le premier président, parmi trois candidats présentés par le procureur-général ; dans les autres arrondissements, par le président du tribunal parmi trois candidats présentés par le procureur de la République. Le décret du 13 octobre 1870 a décidé que le syndic serait nommé par les membres de la chambre.

Le syndic est le président de la chambre. C'est lui qui a la police d'ordre. Art. 76 du décret de 1813.

Le rapporteur exerce les poursuites disciplinaires. Il prend des renseignements sur les fautes disciplinaires dont il est informé et fait un rapport. Art. 77.

Les fonctions du secrétaire et du trésorier sont les mêmes que dans les chambres d'avoués. De même que le syndic et le rapporteur, ils sont nommés par les membres de la chambre.

Les peines de discipline que la chambre des huissiers peut infliger sont : Le rappel à l'ordre, la censure simple, la censure avec réprimande, l'interdiction de la chambre pendant six mois au plus. Art. 71.

Commissaires priseurs. — A Paris, les commissaires priseurs ont une chambre syndicale composée d'un président, d'un syndic, d'un rapporteur, d'un secrétaire, d'un trésorier et de dix autres membres. Art. 2 de l'arrêté du 29 germinal an IX. — L'art. 1er du même arrêté déclare que les dispositions contenues au règlement du 13 frimaire an IX, relatif aux avoués, sont communes aux commissaires priseurs. Nous n'avons donc qu'à nous reporter à ce que nous avons dit antérieurement des chambres d'avoués.

Agents de change et courtiers. — Les agents de change qui sont institués près d'une Bourse départementale ayant un parquet, possèdent une chambre syndicale. Les autres sont réunis avec les courtiers d'assurance et les courtiers interprètes et conducteurs de navire dans une même compagnie qui dans chaque place nomme une chambre syndicale. Art. 1er du décret du 3 janvier 1867. L'art. 2 du même décret détermine le nombre des membres de chaque chambre. Lorsque le nombre des agents de change et courtiers appelés à nommer ces membres est inférieur à six, c'est le tribunal de commerce qui remplit les fonctions de chambre syndicale.

Notaires. — Les chambres de discipline des notaires ont été créées par la loi du 25 ventôse an XI (art. 50), complété par l'arrêté du 2 nivôse an XII. Cet arrêté a eté remplacé par l'ordonnance du 4 janvier 1843, qui énumère avec grand soin les diverses fonctions des chambres.

Les notaires de chaque arrondissement choisissent parmi eux les membres de leur chambre. Art. 4 de l'ord. de 1843. Cet article détermine le nombre des notaires qui composent cette assemblée. — La moitié des membres doit être choisie parmi les plus anciens en exercice formant les deux tiers des notaires du ressort. Dans l'arrondissement où siège la Cour d'appel, deux des membres de la chambre doivent être pris parmi les notaires du chef-lieu de la Cour. Dans les autres arrondissements, un membre doit être pris parmi les notaires de la ville où siège le tribunal. Art. 25.

La chambre est renouvelée par tiers chaque année. Aucun membre ne peut rester en fonctions plus de trois ans consécutifs. Art. 26.

Les membres de la chambre choisissent entre eux un président, un syndic, un rapporteur, un secrétaire et un trésorier. Art. 6.

La chambre peut prononcer contre les notaires le rappel à l'ordre, la censure simple, la censure avec réprimande, la privation de voix délibérative dans l'assemblée générale et l'interdiction de l'entrée de la chambre ; cette dernière peine pendant trois ans au maximum la première fois et six ans en cas de récidive. — Pour qu'il y ait récidive, il ne suffit pas que le notaire ait déjà été condamné par la chambre à une peine de discipline, il faut que cette peine ait été l'interdiction de l'entrée de la chambre. C'est ce qui résulte des termes de l'art.

14 de l'ord. de 1843 qui fixe le maximum de la peine à trois ans « pour la première fois. » Il. n'y a donc récidive que lorsque cette peine a déjà été prononcée une fois.

— Pour toutes ces corporations d'officiers publics, les fonctions des chambres de discipline sont sensiblement les mêmes. Elles remplissent à l'égard des officiers publics, tant dans leurs rapports entre eux que dans leurs rapports avec les tiers, une mission de conciliation. — Elles ont aussi la faculté d'apprécier la capacité et la moralité des candidats aux fonctions d'avoué, de notaire, d'huissier, etc. Nous ne nous occuperons dans cette thèse que de leurs pouvoirs disciplinaires.

Nous avons vu à propos de chacune des corporations que les chambres syndicales pouvaient prononcer certaines peines de discipline.

En dehors de ces peines, les chambres ont-elles le droit d'ordonner d'autres mesures de discipline ?

Un arrêt de la Chambre des requêtes du 18 juin 1862, admet qu'une chambre de notaires a le droit d'ordonner la suppression d'écrits injurieux ou de nature à troubler l'accord qui doit régner entre confrères : elle se fonde sur ce que l'ordonnance de 1843 donne à la Chambre le droit de prévenir ou de concilier tous différents entre notaires ; cette mesure de prudence ne constitue pas d'ailleurs une peine disciplinaire. Sir. 62. 1. 699.

Cependant, la Cour de Cassation, à plusieurs reprises a décidé que les Chambres de discipline par voie de décision ne peuvent que prononcer les peines édictées par un texte spécial. En dehors de ce cas, elles ne peuvent qu'émettre des avis. La Cour a peut être voulu appliquer par analogie les dispositions de l'article 1036. Pr. Civile qui donne aux Tribunaux le droit de supprimer les écrits calomnieux.

Nous ne pensons pas qu'on puisse appliquer aux chambres de discipline les dispositions de l'article 1036. Les mesures qu'elles édictent sont des déchéances, des peines qu'on ne peut étendre d'une matière à l'autre. De plus, cet article a pour but d'assurer surtout la modération dans les débats devant des juridictions qui siègent à l'audience. Il n'est donc pas applicable aux chambres de discipline dont les délibérations ne sont pas publiques.

C'est ce qui a été reconnu par un autre arrêt du 28 août 1854. La Cour de Cassation a repoussé, en matière disciplinaire, l'application de cet article qui dispose aussi que les tribunaux peuvent ordonner l'impression et l'affiche de leur jugement.

« Attendu, dit cet arrêt, que l'art. 1036 C. proc. civile n'a d'autre objet que d'assurer la modération et la convenance des débats judiciaires, et de protéger la dignité de la justice et de ses audiences, et que c'est en détourner le sens et la portée que de l'appliquer à des faits qui ont bien pu motiver l'action disciplinaire, mais qui sont étrangers à la forme et au caractère des débats écrits ou oraux relativement à ces faits et aux décisions disciplinaires qui interviennent sur les mêmes faits. » Sir. 54. 1. 616.

Nous venons de dire que les chambres de discipline, en dehors des peines à appliquer ne pouvaient se prononcer que sous forme d'avis. La question s'est présentée notamment pour les intérêts privés engagés dans le débat disciplinaire. Pour les notaires, l'art. 2 de l'ord. du 4 janv. 1843 dispose formellement que les chambres des notaires pourront donner simple-

ment leur avis sur les dommages et intérêts qui pourraient être dus. C'est un principe qui est applicable aux autres chambres syndicales, et qui résulte implicitement des dispositions qui les concernent. Cass. 24 juillet 1854. Sir. 55. 1. 253. — 14 janvier 1867. Sir. 67. 1. 160.

Dans le même ordre d'idées, la Cour de cassation a décidé qu'après avoir prononcé contre un notaire la censure avec réprimande, la chambre ne pouvait pas lui enjoindre de renvoyer un de ses clercs dans un délai déterminé, que cette injonction constituait une peine arbitraire (Cass. 23 déc. 1868. Sir. 69. 1. 58).

Mais la chambre peut en exprimant un simple avis inviter le notaire à se priver du concours et des travaux de son clerc Cass. 14 mars 1863. Sir. 64. 1. 169.

Cet avis n'aura pas de force exécutoire et sa seule sanction pourra être une peine disciplinaire qu'infligera la chambre à l'officier public.

— L'article 20 de l'ordonnance de 1843 et l'art. 13 de l'arrêté de l'an IX permettent au plaignant de se faire assister devant les chambres de notaires par un notaire, devant les chambres d'avoués par un avoué. Ces articles sont-ils applicables à l'inculpé? Des auteurs le pensent. L'intérêt de l'inculpé, disent-ils, étant plus sacré que celui du plaignant, doit être protégé au moins au même degré. Ils ajoutent, que dans l'art. 20 de l'ordonnance de 1843, ces mots : « et qui dans tous ces cas, pourront se faire représenter par un notaire » et dans l'art. 13 de l'arrêté de l'an IX, ces mots : « pourront se faire représenter ou assister par un avoué, » s'appliquent aussi bien à la partie poursuivie qu'au plaignant. La conséquence serait que le défenseur devra nécessairement être un officier ministériel du même ordre que l'inculpé.

Il suffit de lire les dispositions dont il s'agit pour reconnaître qu'elles ne s'appliquent qu'aux tiers intéressés et non à l'inculpé. Seulement, en vertu du droit de défense qui existe devant toutes les juridictions, ce dernier aura droit de choisir une personne pour l'assister. Mais cette personne ne sera pas nécessairement un officier ministériel du même ordre. L'inculpé pourra prendre un avocat, même un ami pour l'aider dans sa défense.

— L'art. 15 de l'ordonnance du 4 janvier 1843 et l'art. 9 de l'arrêté du 13 frimaire an IX prescrivent une procédure particulière, lorsqu'une chambre de notaires ou d'avoués estime que l'inculpation est assez grave pour mériter la suspension ou la destitution.

La Chambre apprécie les faits. Si elle pense qu'il y a lieu d'infliger une des peines de la suspension ou de la destitution, elle s'adjoint des membres supplémentaires.

Pour les chambres des notaires, ces membres sont de dix à Paris, et dans les autres arrondissements d'un nombre inférieur de deux à celui des membres de la chambre. Pour les chambres d'avoués, les membres supplémentaires sont en nombre égal plus un à ceux de la chambre. Pour que cette assemblée puisse se constituer et donner son avis, il faut que le nombre total des avoués soit au moins triple de celui des membres de la chambre.

Avant de s'adjoindre d'autres membres, la chambre peut procéder à une enquête afin de s'assurer que l'inculpation est de nature à mériter une peine grave. Nîmes, 5 janvier 1837. Sir. 37. 2. 130.

Les membres supplémentaires sont tirés au sort. L'assemblée composée de la chambre et des membres adjoints doit observer les règles de procédure prescrites pour les chambres de discipline.

Si l'assemblée estime qu'il n'y a pas lieu de prononcer la suspension ou la destitution, elle ne peut infliger une peine de discipline intérieure. Ce droit n'appartient qu'à la chambre qui ne statuera valablement que lorsque les membres adjoints se seront retirés. Cass. 1er mai 1853. Sir. 53. 1. 277.

Les chambres d'huissiers, lorsqu'elles estiment qu'une infraction disciplinaire mérite une peine grave peuvent provoquer l'action du Ministère public sans s'adjoindre de membres étrangers. Art. 70 du décret du 14 juin 1813.

Le parquet a-t-il le droit d'exiger la communication des registres constatant les décisions disciplinaires des chambres syndicales. Une chambre de notaires avait contesté ce droit au Procureur de la République. Mais la Cour d'Orléans, par un arrêt du 26 juillet 1838, refusa de consacrer sa résistance. Sir. 39. 2. 110. Il faut faire aux chambres de toutes les corporations l'application de cette doctrine. Les raisons de décider sont les mêmes. Le droit général de surveillance qui appartient aux officiers du Ministère public se trouverait paralysé, si les chambres pouvaient fermer leurs registres aux recherches du Parquet.

DEUXIÈME SECTION.

S'il y a avantage à faire juger les avocats et les officiers publics par leurs pairs, lorsqu'ils se sont rendus coupables de fautes légères, il est nécessaire d'établir d'autres juridictions supérieures qui puissent aussi connaître des infractions à la discipline. Tout d'abord, il est à craindre que par un esprit de confraternité poussé à l'excès, les chambres de discipline ne laissent certaines fautes impunies ; ensuite, il y a certains manquements graves qui doivent être punis de peines qui, par leur nature, échappent à la juridiction paternelle des tribunaux de famille. Aussi, les textes disciplinaires ont donné aux magistrats le droit de connaître, dans certains cas, des infractions disciplinaires.

L'art. 1031 du Code de Procédure civile avait déjà donné aux tribunaux civils le droit de condamner les officiers ministériels à supporter les frais des actes nuls ou frustratoires. Les tribunaux pouvaient allouer des dommages et intérêts à la partie lésée et même prononcer la suspension de l'officier négligeant ou coupable. L'art. 102 du décret du 30 mars 1808, reproduit la même règle en la précisant et en la développant.

L'art. 103 du même décret décide que chaque chambre des cours et tribunaux connaîtra des fautes de discipline « commises ou découvertes à son audience ». Quant aux autres fautes, elles feront l'objet d'arrêtés pris en chambre du conseil par l'assemblée générale du Tribunal ou de la Cour.

D'après l'art. 53 de la loi du 25 ventôse an XI, c'est le

Tribunal civil qui est compétent pour prononcer contre un notaire la suspension ou la destitution.

Les cours et tribunaux jugent donc disciplinairement, tantôt en assemblée générale et en chambre du conseil, tantôt à l'audience. Aussi, étudierons-nous dans deux paragraphes, 1º les pouvoirs de l'assemblée générale du Tribunal ou de la Cour ; 2º ceux des tribunaux à l'audience. Dans un troisième paragraphe, nous nous occuperons de la compétence des cours et tribunaux en matière disciplinaire.

<h3 style="text-align:center">§ 1er.</h3>

ASSEMBLÉE GÉNÉRALE DU TRIBUNAL OU DE LA COUR.

Le second alinéa de l'art. 103 du décret du 30 mars 1808 est ainsi conçu : « Les mesures de discipline à prendre sur les plaintes des particuliers ou sur les réquisitoires du Ministère public, pour cause de faits qui ne se seraient point passés, ou qui n'auraient pas été découverts à l'audience, seront arrêtées en assemblée générale, à la chambre du conseil, après avoir appelé l'individu inculpé. »

Quelle est la composition de l'assemblée générale ?

Elle doit comprendre tous les magistrats faisant partie d'un même tribunal, même ceux qui composent une chambre temporaire. Ainsi, il a été décidé que le concours des conseillers qui composent la Cour d'assises est indispensable pour composer la réunion de la Cour entière, en vue de prononcer une peine disciplinaire. (Cass. 6 février 1823. Sir. 23. 1. 178.)

Le nombre des magistrats doit être tel que chaque chambre puisse, elle-même, réunir le nombre des magistrats indispensable pour sa composition légale. Ainsi, dans un tribunal composé de trois chambres, chaque chambre devant comprendre trois juges au moins, l'assemblée générale doit être formée de neuf magistrats. Mais il n'est pas nécessaire que chaque chambre ait fourni trois juges, il suffit que le total soit égal à neuf. (Cass. 8 janvier 1844. Sir. 44. 1. 54 — 8 avril 1845. Sir. 45. 1. 443 — 13 juillet 1843 Sir. 43. 1. 901.)

Ces règles, qui doivent être encore appliquées aux tribunaux de première instance, ont été modifiées en ce qui concerne les Cours d'appel par la loi du 30 août 1883. D'après son art. 1ᵉʳ, 4ᵉ alinéa : « Pour les jugements des causes qui doivent être portées aux audiences solennelles, les arrêts sont rendus par neuf juges au moins ». 1ᵉʳ alinéa : « En toute matière, les arrêts des Cours d'appel, sont rendus par des magistrats délibérant en nombre impair. »

D'après le même article, 3ᵉ alinéa : « Lorsque les membres d'une Cour siégeant dans une affaire seront en nombre pair, le dernier des conseillers dans l'ordre du tableau devra s'abstenir. »

L'obligation de délibérer en nombre impair s'applique aux audiences solennelles. (Discours de M. Tenaille Saligny, rapporteur. Sénat, séance du 24 juillet. *Journal officiel* du 25.) Elle a pour but de rendre impossible les arrêts de partage, prévus par l'art. 468 C. Pr.

D'après le projet de la commission du Sénat, le nombre de neuf Juges nécessaire pour les arrêts solennels devait être considéré comme fixé d'une manière limitative. La commission pensait que comme il était nécessaire que tous les arrêts de cette nature, émanant des diverses cours d'appel de France eussent une autorité égale, les audiences dans lesquels ils sont rendus, devaient être constituées dans des conditions identiques.

Il en résultait que le nombre neuf étant un *maximum*, l'assemblée générale ne pouvait être composée de plus de neuf conseillers, tandis qu'une chambre ordinaire pouvait délibérer avec douze membres. Il y avait là une anomalie qui a été signalée au Sénat par M. Dauphin, sur la demande duquel on a ajouté au paragraphe les mots : « au moins. »

Ainsi le nombre neuf est devenu un *minimum*. Pour que l'assemblée générale de la cour soit régulièrement composée, il suffit qu'il y ait neuf membres, quelles que soient les chambres auxquelles ils appartiennent. C'est ce qui a été dit par M. Labiche, rapporteur : « Ou l'audience solennelle doit avoir lieu devant une Cour qui n'a qu'une chambre, et dans ce cas, tous les magistrats sont appelés et doivent siéger en quelque nombre qu'ils soient, pourvu qu'ils soient au moins au nombre de neuf et en nombre impair ; ou au contraire, l'audience solennelle a lieu devant une cour qui a deux ou plusieurs chambres, et alors tous les magistrats des deux chambres sont appelés de plein droit, quelque soit leur nombre, mais il faut qu'ils soient toujours au nombre de neuf....... Ces chambres peuvent ne pas être à leur nombre réglementaire de cinq, parce qu'il y a des magistrats empêchés ou récusés, mais il faut que le total des magistrats soit de neuf au moins. Si le nombre est supérieur et que ce nombre soit de dix ou douze, un magistrat s'abstiendra de prendre part au délibéré. En un mot, les cours qui n'ont qu'une chambre tiendront leurs audiences solennelles, pourvu que les magistrats soient au moins au nombre de neuf ; quant à celles de deux chambres, elles sont maintenues sous le régime de la loi actuelle, mais dans les nouvelles conditions stipulées par notre article, c'est-à-dire avec des magistrats au nombre de neuf au moins, délibérant en nombre impair. » (Sénat, séance du 24 juillet. *Journal officiel* du 25.)

Dans les assemblées générales, les juges suppléants n'ont voix délibérative que lorsqu'ils remplacent un juge. Art. 11, loi du 11 avril 1838.

Devant quel Tribunal l'inculpé devra-t-il être cité ?

Aux termes de l'art. 102 du décret de 1808, l'officier ministériel, qui s'est rendu coupable d'une contravention aux lois et règlements peut être traduit devant le Tribunal auprès duquel il instrumente. Selon la gravité du fait, l'une ou l'autre des peines suivantes peut être prononcée : l'injonction d'être plus exact et circonspect, la défense de récidiver, la condamnation aux dépens en nom personnel, la suspension à temps. En outre, le Tribunal peut provoquer la destitution de l'officier ministériel coupable. L'impression et l'affiche du jugement aux frais de l'officier coupable peuvent être ordonnés par le Tribunal.

Il est à remarquer que l'article 102 du décret précité ne s'explique que sur les officiers ministériels. La jurisprudence en a conclu que l'art. 102 ne s'applique pas aux notaires qui restent régis uniquement par la loi du 25 ventôse an XI, dont nous étudierons plus loin les dispositions. Cass. 10 mai 1864. Sir. 64. 1. 359. Tel est également le sens de deux décisions de la chancellerie en date, l'une du 7 juin 1833, l'autre du 12 novembre 1862.

Il résulte en effet de l'art. 1er de la loi de l'an XI, qui appelle les notaires « fonctionnaires publics » qu'ils ne sont pas officiers ministériels.

D'autre part, il a été décidé que les greffiers ne pouvaient être considérés comme des officiers ministériels, que par conséquent ils ne pouvaient être poursuivis disciplinairement en vertu de l'art. 102 du décret précité ; qu'ils devaient être simplement surveillés et réprimandés par les magistrats près desquels ils sont placés. Circulaire du Garde des Sceaux du 8 Juillet 1850.

Un avocat peut-il être cité directement devant la Cour d'appel pour fautes commises en dehors de l'audience. D'après les art. 12 et 15 de l'ordonnance de 1822, les conseils de discipline sont seuls compétents pour connaître en premier ressort des fautes commises par les avocats. Il n'est établi compétence pour les cours et tribunaux que s'il s'agit de fautes commises à l'audience ou de crimes et de délits. En dehors de ces cas, l'ordonnance ne donne aux cours le droit de connaître que par voie d'appel. — Mais ne peut-on pas appliquer ici l'art. 103 du décret de 1808 d'après lequel l'assemblée générale des chambres du tribunal ou de la cour est juge des fautes de discipline non commises à l'audience ? C'est ce qu'a décidé la cour de Paris dans un arrêt du 5 Décembre 1834, repoussant l'exception d'incompétence opposée par le bâtonnier de l'ordre des avocats de Paris contre lequel des poursuites disciplinaires étaient dirigées. — Mais l'article 103 n'est que la suite de l'art. 102 du décret de 1808. Il ne fait que déterminer les juridictions qui prononceront les peines édictées par l'art. 102. Or ce dernier article ne vise que les officiers ministériels et parle de peines non applicables aux avocats.

La cour de cassation a rejeté le pourvoi formé contre l'arrêt précité, mais en se fondant sur ce que la cour avait le droit de statuer sur une faute disciplinaire lorsque le conseil de l'ordre négligeait de réprimer d'office cette faute comme l'art. 14 de l'ordonnance lui en donnait le devoir. Cass. 22 Juillet 1834. Sir. 34. 1. 457.

Plusieurs arrêts de cour d'appel ont décidé que les cours pouvaient exercer leur pouvoir disciplinaire sur les conseils de l'ordre en entier. Nancy, 4 mai 1835. Sir. 36. 2. 435.

§ 2.

TRIBUNAUX ET COURS EN AUDIENCE PUPLIQUE.

I. — FAUTES COMMISES A L'AUDIENCE.

En vertu de l'art, 103 , 1re phr., du décret du 30 Mars 1808, les cours et tribunaux sont compétents pour connaître des fautes de discipline qui auraient été commises ou découvertes à leur audience. — Les termes généraux de cet article le rendent applicable non seulement contre les officiers ministériels, mais même contre les avocats. Cette solution se trouve confirmée par l'art. 39 du décret du 14 Décembre 1810 et par l'art. 6 de l'ordonnance du 20 Novembre 1822. Ces textes déclarent qu'il n'est pas dérogé aux pouvoirs des tribunaux relativement aux fautes disciplinaires des avocats commises ou découvertes à leur audience. Voir Cass. 28 Avril 1820. Sir. 20. 1. 297. — 8 Janvier 1838. Sir. 38. 1. 266. Ce dernier arrêt décide que le tribunal ou la cour peut statuer *de plano*, surtout quand le conseil de l'ordre a négligé de poursuivre.

Lorsqu'un avocat plaide sa propre cause, peut-il être puni pour faute d'audience ? La question a été résolue par certains auteurs au moyen d'une distinction entre le cas où l'avocat a plaidé avec sa robe et celui où il a plaidé sans sa robe. — Cette distinction nous paraît difficile à justifier. La difficulté en pareil cas provient de la double qualité dont se trouve investi le coupable à la fois partie et avocat, mais en quoi une robe sur les épaules du coupable peut-elle servir à déterminer laquelle de ces deux qualités de partie ou d'avocat doit l'emporter sur l'autre. — A notre avis, l'avocat qui plaide sa cause ne cesse pas d'être soumis aux obligations de respect et de dignité que lui impose sa profession et par conséquent il ne cesse pas d'être passible, le cas échéant de peines disciplinaires. Caen, 26 Décembre 1828. Sir. 29. 2. 212.

Il a été jugé qu'il n'est pas nécessaire que le Procureur de la République soit entendu en ce qui concerne les faits commis à l'audience, la loi ne le prescrivant pas. Cass. 6 Août 1844. — D'ailleurs le pouvoir dont nous parlons appartient à toutes les juridictions et notamment il a été jugé qu'un juge de paix a le droit de réprimer par une peine disciplinaire les fautes commises par un avocat à son audience. Cass. 23 Avril 1850. Sir. 50. 1. 118.

Nous venons de montrer par des applications pratiques que la règle édictée par l'art. 103 du décret du 30 mars 1808 est d'une portée générale quant aux personnes. — Elle s'applique à tous ceux qui touchent à l'administration de la justice : avocats, avoués, huissiers, greffiers. etc. Pourtant, d'après la jurisprudence, elle ne s'applique pas aux notaires. Cass., 29 mars 1841. Sir. 41. 1. 428.

Cette règle a également une portée générale quant aux fautes disciplinaires. Il s'en suit que les cours et tribunaux pourraient statuer sur des fautes commises à leur audience, non seulement dans le cas où ces faits en raison de leur gravité entraîneraient la condamnation à des peines, que seuls les cours et tribunaux peuvent appliquer , mais aussi dans le cas où les fautes disciplinaires en raison de leur nature et de leur peu de gravité auraient été de la compétence des chambres de discipline.

En principe, les fautes d'audience doivent être réprimées immédiatement à l'audience même où elles ont été commises. Il a été jugé cependant par la cour de cassation le 24 décembre 1836, que les fautes de discipline commises à l'audience peuvent être réprimées par les cours ou les tribunaux, bien qu'elles n'aient pas été découvertes à la même audience, pouvu que les juges soient encore saisis du procès dans lequel la faute a été commise. Sir. 37. 1. 11.

II. — FAUTES GRAVES DES NOTAIRES.

D'après l'art. 53 de la loi du 25 ventôse an XI, les peines disciplinaires graves seront prononcées contre les notaires par le tribunal civil de leur résidence.

Bien que notre article parle du tribunal civil, le jugement disciplinaire prononcé contre un notaire ne serait pas nul, par cela seul qu'il a été rendu par des juges siégeant correctionnellement, lorsqu'il ne contient pas les formalités spéciales prescrites par la loi en matière correctionnelle, et quand les mêmes juges auraient pu siéger civilement. Cass. 9 juin 1856. Sir. 56. 1. 733.

Mais en appel et devant la cour de cassation, les décisions de cette nature doivent être portées devant une chambre civile. Cass. 30 juin 1814. Sir. 14. 1. 262.

L'action disciplinaire contre un notaire doit être portée à l'audience publique et jugée par une seule chambre du tri-

bunal. L'art. 103, du décret du 30 mars 1808, d'après lequ[e]
les mesures de discipline sont arrêtées en assemblée général[e]
à la chambre du conseil, est applicable aux officiers minis[-]
tériels et non aux notaires qui sont des officiers publics. Cass[.]
10 mai 1864. Sir. 64. 1. 359.

Le tribunal peut désigner un de ses membres pour faire u[n]
rapport, mais ce n'est là qu'une faculté et non une formalit[é]
essentielle: Les conclusions du ministère public ne sont pa[s]
obligatoires.

§ 3.

COMPÉTENCE DES COURS ET TRIBUNAUX.

Les dispositions disciplinaires donnent aux chambres syndi[-]
cales le droit de prononcer des peines dont elles font l'énu[-]
mération; elles donnent aux tribuaux le droit de prononc[er]
d'autres peines. Les sentences des chambres de discipline n[e]
sont pas soumises à l'appréciation des tribunaux : nous verron[s]
en effet que la voie de l'appel n'est pas ouverte contre ce[s]
décisions. La juridiction de famille des chambres syndicales [et]
la juridiction supérieure des tribunaux ont donc chacune leu[r]
compétence distincte. A ce propos plusieurs questions intéres[-]
santes se sont soulevées.

En ce qui concerne les officiers ministériels : avoués, huis[-]
siers, commissaires priseurs, etc. ces questions ont peu d'in[-]
térêt, l'art. 102 du décret du 30 mars 1808, permettant au[x]
cours et tribunaux de prononcer contre eux ou bien des peine[s]
légères telles que l'injonction d'être plus exacts, la défense d[e]
récidives ou des peines graves telles que la suspension. Mai[s]
pour les notaires l'art. 14 de l'ordonnance du 4 janv. 184[3]

permet aux chambres syndicales de prononcer des peines
légères dont il donne l'énumération, tandis que l'article 53 de
la loi du 25 ventôse an XI ne cite, parmi les peines que peuvent
prononcer les tribunaux que les peines graves de la suspension
et de la destitution. Aussi c'est principalement à propos de ces
officiers publics que se sont posées les questions suivantes :

— Le ministère public peut-il citer un officier public
devant un tribunal en requérant contre lui l'application d'une
peine de discipline intérieure ?

Nous avons vu que les officiers publics sont justiciables de
deux juridictions différentes : les chambres de discipline et les
tribunaux. Chacune de ses juridictions a ses attributions. Nous
venons de dire que, surtout en ce qui concerne les notaires, les
peines qu'elles prononcent sont différentes. La compétence
du tribunal et celle de la chambre n'étant pas la même, il
semble donc qu'on ne puisse pas citer devant le tribunal en
concluant à une peine qui devrait être prononcée par la
chambre. — Du reste il vaut mieux que les fautes légères soient
réprimées par le tribunal de famille. Il y aura ainsi moins de
bruit autour de l'affaire, moins de scandale et la considération
de l'officier public ne sera pas perdue pour une faute de peu
d'importance.

Cependant la jurisprudence a varié sur ce point. Des arrêts
ont décidé que la compétence restreinte des Chambres de discipline ne saurait exclure pour les mêmes faits celle des tribunaux ordinaires. (Cass. 23 décembre 1839. S. 40, 1. 11. —
Amiens, 16 avril 1845. S. 45. 2. 264.) — Mais cette doctrine a
été condamnée dans ce qu'elle a d'excessif par les arrêts plus
récents de la Cour de cassation. Voici comment s'exprime la
Cour dans un arrêt du 20 janvier 1847. Sir. 47. 1. 458 :

« Attendu qu'il résulte des articles ci-dessus visés, que la

discipline intérieure du notariat est de la compétence exclusive des Chambres de discipline des notaires organisées par
l'arrêté du 2 nivôse an XII, et, plus tard, par l'ordonnance
royale du 4 janvier 1843, en exécution de l'article 50 de la loi
du 25 ventôse an XI; — attendu qu'il n'a point été dérogé à
cette compétence par l'art. 45 de la loi du 20 avril 1810 : que
si les procureurs généraux peuvent, d'après cet article, surveiller les notaires dans l'exercice de leurs fonctions, ce droit
ne saurait modifier les attributions respectives des tribunaux
civils et des Chambres de notaires, puisque leur compétence
distincte est déterminée par la nature et le caractère des actes
et des faits. »

Mais si, en règle générale, le Ministère public ne peut saisir les Tribunaux ordinaires de poursuites tendant à des
peines légères, il en est autrement lorsque le syndic néglige
de provoquer l'exercice des pouvoirs disciplinaires que les
Chambres tiennent de la loi.

Il est impossible que l'inaction du syndic puisse laisser une
faute impunie. En ce qui concerne les magistrats, l'art. 54 de
la loi du 20 avril 1810 décide que : « Les Cours d'appel exerce-
ront les droits de discipline attribués aux Tribunaux de première instance, lorsque ceux-ci auront négligé de les exercer. »
Il y a là une disposition qu'il faut généraliser et appliquer à
toutes les juridictions disciplinaires. Telle est la jurisprudence
de la Cour de cassation qui a décidé, dans son arrêt du 15 juin
1836, « que les Tribunaux civils, compétents pour prononcer
contre les notaires les peines énumérées par l'art. 53 de la loi
du 25 ventôse an XI, le sont aussi pour appliquer les peines
moins graves que les Chambres auraient *refusé ou négligé* de
prononcer. » (Sir. 36. 1. 461. Dans le même sens. Cass. 23
déc. 1839. Sir. 40. 1. 11.)

Dans le même ordre d'idée, la Cour de cassation a déclaré, le 22 juillet 1834, qu'en cas de refus ou d'omission de la part du Conseil de l'ordre de statuer d'office, sur la réquisition du Procureur Général, la Cour d'appel pouvait être saisie valablement. (Sir. 34. 1. 457).

D'après un arrêt de la Cour de Bourges du 23 juillet 1827, les Tribunaux peuvent appliquer des peines de discipline intérieure, lorsque les Chambres ont négligé de les infliger. (Sir. 27. 2. 247).

— Lorsque le Ministère public a requis contre un officier public la suspension ou la destitution, le Tribunal, estimant que les faits incriminés ne sont pas assez graves pour motiver une peine sévère, peut-il appliquer une des peines de discipline intérieure ?

Nous croyons qu'il faut répondre par l'affirmative. Le Ministère public, en requérant la suspension ou la destitution, a valablement saisi le Tribunal. Peu importe la peine prononcée. Ce qui détermine la compétence, c'est ce qui est demandé et non ce qui est jugé. Ce principe est vrai en matière civile. Il l'est également en matière criminelle. Les art. 192 et 365 du Code d'Instruction criminelle en font des applications. Du moment que le Ministère public a requis une peine correctionnelle, le Tribunal est régulièrement saisi et peut prononcer une peine de simple police. De même, la Cour d'assises, saisie pour crime, peut prononcer une peine correctionnelle. Il n'y a pas de raison pour ne pas appliquer la même règle en matière disciplinaire.

La crainte du scandale ne peut déterminer à renvoyer l'affaire devant une autre juridiction. La publicité, si elle doit avoir lieu, est déjà un fait accompi. On ne l'évitera plus en renvoyant l'inculpé devant la Chambre de discipline.

L'intérêt même de l'officier poursuivi veut que le Tribunal puisse prononcer une peine inférieure. S'il ne le pouvait, il arriverait quelquefois que les juges préféreraient infliger une peine disciplinaire plus forte, que renvoyer devant la Chambre, soit pour éviter à l'inculpé les tribulations d'une nouvelle poursuite, soit par la crainte de laisser une faute impunie.

Cette solution présente, en outre, cet avantage qu'elle prévient un conflit négatif qui pourrait se présenter : la Chambre de discipline refusant de statuer, parce qu'elle estime que la peine à infliger est trop forte pour rentrer dans ses attributions, le Tribunal se déclarant incompétent parce qu'il juge qu'il n'y a lieu qu'à une peine de discipline intérieure.

Cette doctrine a été consacrée par la Cour de cassation dans deux arrêts du 8 avril 1845. (Sir. 45. 1. 497) et du 20 novembre 1848. (Sir. 49. 1. 103).

— Si le Ministère public, dans sa citation, ne mentionnait pas expressément la peine qu'il requiert, par exemple, s'il citait un officier ministériel devant le Tribunal pour voir prononcer contre lui « telle peine disciplinaire qu'il appartiendrait », le Tribunal ne serait pas régulièrement saisi. En effet, c'est la citation qui détermine la compétence du Tribunal ; il faut qu'elle vise un manquement devant entraîner une peine grave, il faut qu'il résulte de ses termes qu'il ne s'agit pas de prononcer une peine de discipline intérieure, autrement l'officier public peut refuser d'accepter le débat et le Tribunal peut et doit s'abstenir d'office.

CHAPITRE DEUXIÈME.

Des juridictions auxquelles sont soumis les magistrats.

Cette matière vient d'être réorganisée par la loi du 30 août 1883. L'importance des modifications résultant de la loi nouvelle nous oblige à étudier, dans deux paragraphes différents, les règles antérieures à la loi de 1883 et les dispositions de la loi récente.

§ 1er.

LÉGISLATION ANTÉRIEURE A LA LOI DU 30 AOUT 1883.

Sous l'empire du sénatus-consulte du 16 thermidor an X et de la loi du 20 avril 1810, les juges pouvaient être poursuivis disciplinairement devant les tribunaux dont ils faisaient partie. Art. 51 et 52 de la loi de 1810.

Lorsque les tribunaux négligeaient d'exercer leurs pouvoirs, les cours d'appel pouvaient les exercer à leur place et en même temps donner aux tribunaux l'avertissement d'être plus exacts à l'avenir.

Les cours d'appel jouissaient, quant à leurs membres, des mêmes droits que les tribunaux de première instance. — Les peines que chacune de ces juridictions pouvaient prononcer contre les magistrats étaient la censure simple, la censure avec reprimande, la suspension provisoire.

Les tribunaux de première instance avaient sur les juges de paix de leur arrondissement, un droit de surveillance que leur donnait l'art. 83 du sénatus-consulte de l'an X. Ils pouvaient juger les juges de paix disciplinairement en chambre du conseil et prononcer contre eux les mêmes peines que contre leurs propres membres. Art, 52. Loi de 1810.

L'art. 82 du sénatus-consulte de l'an X donnait à la Cour de cassation un pouvoir disciplinaire sur les membres des cours d'appel et des tribunaux. Cet article ne parlait, dans son premier alinéa, que des cours d'appel et des tribunaux criminels ; mais on appliquait ces dispositions aux tribunaux de première instance, le mot « juge » qui se trouve dans le 2ᵉ aliéna étant des plus généraux. — Une large interprétation de cet article permettait de l'étendre aux tribunaux de commerce et aux juges de paix.

Mais la Cour suprême ne pouvait exercer son pouvoir disciplinaire que pour cause grave. Pour les fautes légères, il pouvait y avoir doute sur la manière de les réprimer. Depuis la loi du 20 avril 1810, elles peuvent donner lieu à un avertissement des présidents des cours et tribunaux, ou à une peine legère prononcée par le tribunal auquel appartient le membre coupable.

Les peines que pouvait prononcer la Cour de cassation étaient la censure et pour faute grave la suspension. De sa nature, cette peine est nécessairement limitée. — Aussi, pour exclure de l'ordre judiciaire un magistrat indigne, la loi de 1810 art. 59 édicta une nouvelle peine : la déchéance. D'après cet article, quand un magistrat avait été condamné devant juridiction répressive, fut-ce en simple police, le garde des sceaux le dénonçait à la Cour de cassation qui pouvait le déclarer déchu de ses fonctions.

Le décret du 1er mars 1852 a été plus loin et a permis de prononcer la déchéance contre un magistrat sans exiger une condamnation antérieure.

§ 2.

JURIDICTION SOUS LA LOI DE 1883.

Toutes les dispositions que nous venons d'examiner rapidement ont été profondément modifiées par la loi du 30 août 1883. Tous lespouvoirs disciplinaires dont nous venons de parler, ont été déférés au conseil supérieur de la magistrature. — En effet, le 1er aliéna de l'art. 14 est ainsi conçu :

« Le conseil supérieur de la magistrature exercera..... tous les pouvoirs disciplinaires actuellement dévolus à la Cour de cassation , ainsi qu'aux cours et tribnnaux conformément aux dispositions de l'article 82 du sénatus-consulte du 16 thermidor an X, du chapitre 7 de la loi du 20 avril 1810 et des art. 4 et 5 du décret du 1er mars 1852. »

Quels sont les motifs qui ont guidé les législateurs de 1883 ? Après avoir exposé l'état de la législation antérieure, M. Tenaille.Saligny, rapporteur du projet de loi au Sénat ajoute :

« Ce système qui permet de traduire les magistrats, soit directement devant la Cour de cassation, soit successivement devant tous les degrés de juridiction, s'ils appartiennent aux tribunaux inférieurs, est évidemment confus et plein d'inconvénients. Il est en outre incomplet, puisqu'il ne prévoit pas le pouvoir disciplinaire de la Cour de cassation sur ses propres membres. »

Nous lisons dans l'exposé des motifs d'un projet de loi présenté par M. Devès, ministre de la justice, à la Chambre des députés le 8 janvier 1883 :

« On le sait et il n'est pas inutile de le rappeler, les dispositions relatives à la discipline sont éparses dans le sénatus-consulte du 16 thermidor an X, la loi du 20 avril 1810 et le décret du 1ᵉʳ mars 1852. Ces dispositions sont incomplètes, aucune ne prévoit le pouvoir disciplinaire de la Cour de cassation sur ses propres membres. Elles sont confuses : le magistrat qui a compromis la dignité de son caractère peut être traduit soit directement devant la Cour de cassation, soit successivement devant la juridiction à laquelle il appartient, la Cour d'appel et la Cour de cassation, ou, s'il fait partie d'une cour, devant cette cour et la cour de cassation. — Cette partie de notre législation appelait depuis longtemps une coordination. Cette coordination serait déjà intervenue si les dispositions disciplinaires n'étaient demeurées d'une très rare application. C'était presque toujours à la Cour de cassation qu'il fallait avoir recours en cas de manquement à la discipline. Les poursuites dirigées contre les magistrats devant leurs collègues mêmes, auraient présenté des difficultés qui se comprennent aisément. La juridiction ne sera donc pas en réalité changée. »

Nous apprécierons la valeur de ces raisons, après avoir examiné le système inauguré par la loi de 1883. D'après cette loi, la seule juridiction devant laquelle les magistrats pourront être poursuivis est le conseil supérieur de la magistrature.

Quelle est la composition de ce conseil ? D'après le projet du gouvernement présenté à la chambre des députés le 10 mars 1883, le conseil supérieur se composait de cinq membres de la cour de cassation élus par leurs collègues, de cinq conseillers

d'État élus par leurs collègues, et de cinq premiers présidents.
Mais cette composition fut repoussée par les motifs suivants :
« Ce système, disait M. Jules Roche dans son rapport, nous a
paru présenter de graves inconvénients. Il faudrait bien mal
connaître les hommes pour ne pas prévoir que l'introduction
de conseillers d'État dans le conseil supérieur serait défavora-
blement accueillie par les magistrats qui n'y verraient point
une garantie de leur indépendance, et qu'elle compromettrait
l'impartialité des décisions de ce conseil. On peut être sûr que
lorsque les cinq conseillers d'État auront une opinion, les dix
magistrats auraient la contraire. L'idée d'ériger les premiers
présidents en un corps électoral spécial est encore plus dan-
gereuse. »

D'après un autre système proposé par la commission de la
Chambre de députés, le conseil supérieur était composé de
membres de la cour de cassation désignés savoir : quatre par
leurs collègues, cinq par le Sénat, et cinq par la Chambre des
députés, le premier président de la cour de cassation étant
membre et président de droit.

M. Graux présenta à la Chambre un amendement ainsi
conçu : « Il est créé un conseil supérieur de la magistrature,
présidé par le garde des sceaux et composé des conseillers de
la chambre civile de la cour de cassation. »

Cet amendement fut repoussé, et la Chambre adopta le projet
de la commission. Mais ce mode de composition du conseil
fut rejeté par la commission du Sénat. L'honorable M. Tenaille
Saligny disait dans son rapport :

« Il a été reconnu (par votre commission) que cette intervention périodique du Parlement dans le choix des magistrats chargés de l'exercice du pouvoir disciplinaire pourrait avoir pour

effet d'introduire la politique dans un milieu d'où elle doit être rigoureusement bannie, et de porter atteinte à l'unité de la cour suprême. » Examinant le projet de M. Graux tendant à conférer à la chambre civile les attributions du conseil supérieur le rapporteur ajoute : « Des trois chambres de la cour, la chambre civile est celle qui, à raison même de ses attributions, doit rester la plus étrangère aux inspirations de la politique. Or, si on l'érige en conseil supérieur, c'est-à-dire, si on en fait le corps chargé du maintien de la discipline dans le personnel judiciaire, on s'expose à ce que désormais elle soit recrutée surtout en vue du pouvoir disciplinaire qu'elle aura à exercer.... Il serait à craindre que cette chambre en arrivât à devenir dans une certaine mesure une chambre politique.

Désireuse de parer à ce danger, la commission a décidé que les attributions conférées au conseil supérieur de la magistrature seraient exercées par la cour de cassation siègeant en assemblés plénière, toutes chambres réunies. »

Nous connaissons la composition du conseil. Quels sont ses pouvoirs ? Sur quels magistrats peut-il les exercer ? L'art. 14 nous répond : « à l'égard des premiers présidents, présidents de chambre, conseillers de la cour de cassation et des cours d'appel, des présidents, vice présidents, juges, juges suppléants des tribunaux de première instance et de paix. » Cette énumération n'est que le développement de l'art. 82 du sénatus-consulte de l'an X, qui donnait à la cour de cassation le pouvoir disciplinaire « sur tout juge. » Par ce mot juge, les interprètes entendaient toutes les personnes énumérées par l'art. 14 de la loi de 1883 et même les juges des tribunaux de commerce dont cette disposition ne parle pas.

En somme, l'art 14 n'innove pas sur ce point. Il ne fait que confirmer à la cour de cassation un droit qu'elle avait déjà. Seulement il supprime le pouvoir des tribunaux et des cours sur leurs membres, le pouvoir des tribunaux sur les juges de paix, celui des cours d'appel sur les tribunaux de première instance.

Cependant, aucun texte n'existait conférant un pouvoir disciplinaire à la cour de cassation sur ses propres membres. On avait pu soutenir que ce pouvoir n'existait pas, une juridiction disciplinaire ne peut s'improviser par analogie, disait-on. On ajoutait qu'il est à supposer, qu'arrivés au sommet de la hiérarchie judiciaire les conseillers seront scrupuleusement fidèles à leurs devoirs. Aussi n'y avait-il rien d'étonnant à ce que le législateur n'eut pas prévu une faute qui ne devait jamais être commise. — On pouvait répondre que l'homme n'est jamais infaillible et que s'il y a un corps où l'honneur doit être gardé avec soin, c'est bien celui de la première magistrature de l'état. Quoiqu'il en soit, la cour de cassation s'était déjà reconnu sur ses membres le droit de discipline que vient de consacrer l'art. 14 de la loi de 1883. Cass. 27 juillet 1871. Sir. 71. 1. 185.

La loi nouvelle laisse subsister le droit d'avertissement conféré aux présidents des compagnies judiciaires par l'art. 49 de la loi de 1810 ainsi conçu : « Les Présidents des cours et tribunaux de première instance avertiront d'office ou sur la réquisition du ministère public tout juge qui compromettra la dignité de son caractère. »

C'est ce qui a été dit dans le rapport au Sénat : « Les Présidents des cours d'appel et des tribunaux conserveront sans doute le droit qui leur est conféré par l'art. 49 de la loi du 20 avril 1810 et au terme duquel ils peuvent avertir d'office ou sur la réquisition du ministère public tout magistrat qui compromettrait la dignité de son caractère; mais les peines disciplinaires proprement dites ne pourront être appliquées que par le Conseil supérieur. »

Cet avertissement, donné à un juge par le président, est un acte secret et paternel ayant la douceur d'un conseil et la force d'une menace. « Ce n'est pas une peine de discipline, disait l'instruction ministérielle du 12 décembre 1821, c'est une mesure préventive de toute peine, un acte secret et paternel du magistrat supérieur envers un officier de justice qui suit une fausse direction. Il s'applique aux écarts légers mais blâmables. »

On admettait sous l'empire de la loi de 1810 que cet avertissement devait en général précéder les poursuites disciplinaires. L'art. 50 de cette loi nous dit que le juge sera soumis à une peine « si l'avertissement reste sans effet. » Toutefois, cette mesure n'était indispensable que lorsqu'il s'agissait d'une infraction légère dont la continuité seule aurait pu faire encourir une peine disciplinaire. Elle n'était pas nécessaire, lorsque la faute étant grave, une répression était inévitable, puisque l'avertissement avait simplement un effet préventif. Cass. 25 février 1826. Sir. 26. 1. 326. Cette solution nous paraît devoir être encore admise aujourd'hui.

Les peines que peut prononcer le conseil supérieur sont celles énumérées tant par l'art. 50 de la loi de 1810 que par l'art. 4 du décret du 1er mars 1852. Ce sont : la censure simple, la censure avec réprimande, la suspension provisoire, la déchéance. La censure avec réprimande emportera de plein droit privation de traitement pendant un mois. La suspension provisoire emportera privation du traitement pendant sa durée. Il n'est rien innové à cet égard.

La loi de 1883 a encore attribué d'autres fonctions au conseil
supérieur. Il devra donner son avis sur la mise à la retraite
des magistrats atteints d'infirmités dans les formes et conditions prescrites par la loi du 16 juin 1824. Art. 15 *in fine*.

Sur son avis conforme, les magistrats inamovibles pourront
être déplacés. Toutefois, ce déplacement ne devra entraîner
pour le magistrat qui en sera l'objet, aucun changement de
fonction, aucune diminution de classe ni de traitement. S'agit-
il là d'une peine disciplinaire? La question a été vivement
discutée dans le sein même de la Commission du Sénat. La
minorité à la tête de laquelle se trouvaient MM. Batbie et
Julès Simon soutenait qu'un déplacement forcé pour un magistrat inamovible a nécessairement le caractère d'une peine. Si
on l'admet, il faut le faire prononcer disciplinairement pour
faits qui constituent une infraction aux devoirs du magistrat.
Ce sera une peine tenant le milieu entre la censure et la
suspension provisoire. Mais la majorité de la commission s'est
refusé à cette assimilation. D'après son projet qui est devenu
l'art. 15, le déplacement n'est pas une peine. Il pourra être
motivé par des circonstances qui, même lorsqu'aucune faute
personnelle n'est imputable au magistrat, ne lui permettent
plus de rester dans la même résidence. Il s'agit, par exemple,
d'une faute commise par l'un des siens, d'un procès d'une
nature délicate soulevé par lui devant son tribunal, d'une
aversion existant entre lui et un autre membre du tribunal,
aversion qui ne leur permet plus de juger dans les mêmes
affaires avec assez d'impartialité.

Quel sera le président du Conseil supérieur? La loi de 1883
ne s'explique pas sur ce point. D'après le projet voté par la
Chambre des Députés, le premier président était président de

droit du Conseil supérieur. D'après l'amendement de M. Graux, le Conseil devait être présidé par le Garde des Sceaux. La rédaction adoptée par le Sénat qui est devenue l'art. 13 de notre loi ne s'explique pas sur ce point.

Pour résoudre notre question, il faut donc consulter les précédents.

D'après les articles 6 et 28 de l'ordonnance du 15 janvier 1826, sur l'organisation de la Cour de cassation les assemblées générales de la Cour de cassation sont présidées par le Garde des Sceaux dans les cas prévus par diverses lois notamment par l'article 56 de la loi du 20 avril 1810. Or, dans cette hypothèse, il s'agit d'une poursuite disciplinaire exercée contre un juge qui n'a été condamné que disciplinairement. S'il s'agit d'un magistrat frappé d'une peine criminelle, correctionnelle ou même de simple police, l'article 59 de la même loi nous dit qu'il pourra être déchu ou suspendu par la Cour de cassation « sous la présidence du Ministre ». Cette dernière disposition n'a été abrogée ni explicitement ni implicitement, puisqu'elle ne contient rien de contraire à la loi nouvelle. Le Garde des Sceaux pourra donc, comme par le passé, présider la Cour de cassation statuant comme conseil supérieur. — Pourtant c'est par son ordre que les magistrats peuvent être cités devant cette Cour, et l'on ne peut supposer que cet ordre ait été donné sans que le ministre ait eu la conviction personnelle de la culpabilité du magistrat ; aussi son abstention peut paraître convenable. Du reste depuis fort longtemps (depuis 1820) le Ministre de la Justice s'est toujours abstenu de présider et a été remplacé par le premier président de la Cour de cassation.

Le Conseil supérieur statuant disciplinairement doit-il siéger en Chambre du Conseil ou en audience publique?

En principe, les procès disciplinaires doivent se juger à huis-clos, sans publicité et pour ainsi dire en famille. L'art. 52 de la loi du 10 avril 1810 décidait que l'application des peines disciplinaires par les Cours et Tribunaux serait faite en Chambre du Conseil. Mais aucun texte ne liait la Cour de cassation. Tantôt elle accordait, tantôt elle refusait la publicité selon les circonstances. Elle a jugé publiquement en 1820, à huis-clos en 1844, bien que la publicité fut réclamée par le ministère public et par le magistrat poursuivi. Mais le décret loi du 1er mars 1852, dans son article 4, en donnant à la Cour de cassation le droit de prononcer la déchéance contre les magistrats, a décidé qu'elle devait statuer en chambre du conseil. Depuis cette époque, la Cour a toujours rendu à huis-clos ses décisions disciplinaires.

Pourtant elle s'est reconnue le droit d'ordonner la publication de ses arrêts, et elle l'a fait, tantôt pour disculper le magistrat, lorsque les poursuites avaient déjà été livrées à la publicité, tantôt pour rendre publique la peine prononcée, comme l'avait été la faute commise. — 12 juillet 1871. Sir. 71. 1.185 — 12 mai 1879. Sir. 80. 1.289.

A la suite de ce dernier arrêt, se sont soulevées diverses questions à propos de la publicité à donner à ces sortes de jugements et notamment sur le point suivant : Le Parquet de la Cour de cassation, chargé de la publication de l'arrêt, fit publier au *Journal officiel* le réquisitoire en même temps que la sentence. La *Gazette des Tribunaux* publia les débats au complet, en reproduisant la plaidoierie de l'avocat : « Nous publions les débats de cette affaire, disait-elle, la Cour dans une disposition spéciale de sa décision a formellement autorisé la publication de l'arrêt.... M. le Procureur Général a exprimé le désir que son réquisitoire fut également publié. Ce serait manquer à l'impartialité qu'on doit toujours apporter dans les comptes rendus des débats judiciaires, que de publier le réquisitoire de l'accusation, sans le faire suivre de la défense de l'accusé.... (*Gazette des Tribunaux* du 14 mai 1879). Le lendemain le communiqué suivant était adressé au journal. « Le Procureur Général près la Cour de cassation n'a pas eu à exprimer le désir que le réquisitoire écrit, qu'il dépose dans l'affaire.... fut publié en même temps que l'arrêt du 12 de ce mois.... Ce réquisitoire est inséparable de l'arrêt et cet arrêt ne pouvait être publié partiellement. »

Comment comprendre que le réquisitoire du Procureur général fasse partie de l'arrêt disciplinaire. Voici les explications que M. Labbé a donné à ce sujet dans une note remarquable que nous résumons :

En général, dans les arrêts de la chambre civile, le conseiller rapporteur rédige des qualités dans lesquelles il résume les moyens présentés par les deux parties. Ces qualités sont transcrites dans l'expédition de l'arrêt. En matière disciplinaire, l'arrêt est provoqué par un réquisitoire écrit du Procureur général. Le magistrat inculpé peut prendre des conclusions. Le conseiller rapporteur dans ses qualités peut résumer l'accusation comme il peut résumer la défense. En fait, dans les causes où la Cour a prononcé une peine, conformément au réquisitoire du Procureur-général, le réquisitoire a été inséré *in extenso* dans les qualités Aff. Deffontaine en 1844. Dans notre espèce, la Cour a autorisé la publication de son arrêt : ce qui a été entendu dans le

sens d'une publication comprenant les qualités du jugement.
— C'est ainsi que l'on peut dire que le réquisitoire fait partie
de l'arrêt et doit être publié avec lui. Mais si les moyens de
la défense ne se trouvent pas dans les qualités, ils ne peuvent
être reproduits en même temps que la sentence.

Lorsqu'un magistrat est poursuivi disciplinairement devant
la Cour de cassation, peut-il être assisté par un avocat ? En
1820, la Cour a refusé ce droit à un conseiller qui comparais-
sait devant elle.

« Attendu que M.M... a été cité pour donner des explications
sur des faits qui lui sont personnels et sur lesquels il peut
seul donner à la Cour des explications qu'elle a le droit d'exiger, en vertu de son pouvoir de discipline — il ne s'agit pas,
d'ailleurs, d'une instruction faite pour un crime ou un délit et
en persistant dans un usage constamment suivi jusqu'à ce
jour, la Cour ne porte aucune atteinte au droit de légitime
défense. » 28 nov. 1820. Sir. 21. 1. 47.

Les motifs du premier considérant ont certainement de la
valeur, mais la différence que le deuxième établit entre les
poursuites disciplinaires et les poursuites criminelles ne paraît
pas solidement établie. La défense est de droit commun. Qu'une
personne soit attaquée devant quelque juridiction que ce soit,
il semble qu'elle doive avoir des droits egaux à ceux de l'accusation. Tout ce qu'on pourrait tirer de ce qu'il ne s'agit pas ici
d'un crime, c'est que le magistrat inculpé ne sera pas nécessairement accompagné d'un défenseur. mais il ne faudra pas
aller jusqu'à lui en refuser un, quand il le demande.

S'il s'agit d'explications à donner sur un fait purement
personnel, on comprend qu'un défenseur soit inutile, mais
cela arrivera rarement. Qu'on ne vienne pas dire que l'inculpé

sera mieux à même que personne de présenter sa défense, parce qu'il est magistrat, c'est-à-dire instruit, peut-être éloquent et connaissant le droit. L'ignorance n'est pas la seule raison qui a fait admettre la possibilité et même la nécessité d'un défenseur pour les accusés. Il est certain qu'on se défend plus mal soi-même qu'on ne défend autrui. Ému par l'accusation, par l'honneur compromis, par la crainte de la peine, le magistrat inculpé ne trouvera pas facilement les arguments qu'une personne moins intéressée pourra recueillir et développer de sang-froid.

Que penser des dispositions nouvelles en matière disciplinaire ? D'après la législation antérieure à 1883, les tribunaux avaient un droit de discipline sur leurs propres membres. C'est ce droit que la loi nouvelle vient de supprimer. Cette loi vient de créer une antinomie entre les poursuites exercées contre les magistrats et celles exercées contre les autres membres des corps judiciaires, je veux parler des avocats et des officiers publics. En effet, pour l'avocat, on trouve le conseil de l'ordre, pour le notaire et l'avoué, la chambre de discipline, sorte de conseil de famille devant lesquels les membres des corporations sont jugés par leurs pairs. De même pour le juge il y avait le tribunal dont il faisait partie. — Les membres de ce tribunal étaient à même mieux que personne de surveiller la conduite privée et publique de leur collègue ; ils étaient portés à réprimer immédiatement les manquements à l'honneur qui pouvaient porter atteinte à leur propre considération. Quant il s'agissait d'une faute légère, le coupable pouvait être appelé en chambre du conseil, et là, loin du public, on pouvait lui appliquer l'une des peines les plus légères, ou même lui adresser un simple avertissement. — Que va-t-il se passer maintenant quand il s'agira d'une faute légère? Va-t-on pour la moindre peccadille mettre en mouvement le conseil supérieur de la magistrature, c'est-à-dire la Cour de cassation toutes chambres réunies. Si non, voilà une faute qui va rester impunie. Si oui, voilà un magistrat qui va être appelé, peut-être, d'une extrémité de la France à Paris. Cela ne se fera pas sans bruit, sans scandale et avant d'être jugé, le magistrat sera déjà perdu dans l'esprit de ses justiciables.

Le système ancien avait-il donc des inconvénients tellement graves qu'il ait été utile de le supprimer? — L'esprit de corps, la camaraderie faisaient qu'en réalité, dit-on, ce pouvoir disciplinaire n'était jamais exercé. Est-ce là une raison suffisante pour le supprimer? Ce pouvoir n'est pas exercé, soit, mais il suffit qu'il puisse l'être. Le magistrat, redoutant le jugement de ses pairs, observera sa conduite, exercera ses fonctions avec plus de soin.

Du reste, si le tribunal n'exerce pas son pouvoir, cela ne veut pas dire que l'impunité soit assurée au magistrat. A côté il y a d'autres juridictions qui peuvent le juger disciplinairement. La Cour d'appel et la Cour de cassation peuvent prononcer les mêmes peines que le tribunal. — Mais il y a là double emploi, dira-t-on. Qu'importe? Ce double emploi n'est-il pas une garantie de plus que le magistrat n'échappera pas à la répression. On se plaint que des poursuites ne sont pas exercées contre tous les juges coupables. Le remède n'est pas la suppression des juridictions devant lesquelles on peut les poursuivre.

———

CHAPITRE TROISIÈME.

Pouvoirs du Garde des Sceaux

§ 1er.

POUVOIRS DU GARDE DES SCEAUX SUR LES OFFICIERS MINISTÉRIELS.

A l'égard des officiers ministériels, le garde des sceaux possède d'abord le droit de surveillance qu'il exerce par l'intermédiaire des procureurs généraux.

Il a en outre le pouvoir de statuer sur les mesures disciplinaires prises par les chambres et par les tribunaux; il a la faculté de réviser la décision disciplinaire en aggravant ou en modérant la peine (art. 103 in fine du décret du 30 mars 1808). Il a le droit de statuer sur les incidents qui peuvent se produire au cours des poursuites.

On s'est demandé si le garde des sceaux pouvait, sans qu'il y ait eu poursuite préalable devant la Cour ou le tribunal, prononcer une peine disciplinaire? La négative paraît résulter de l'art. 103 du décret de 1808, qui décide que « le procureur-général rendra compte de tous les actes de discipline au grand juge Ministre de la justice, en lui transmettant les arrêtés

avec ses observations, afin qu'il puise être statué sur les réclamations ou que la destitution soit prononcée, s'il y a lieu. »
Cependant, vers 1830, des officiers ministériels furent desti-
tués sur la seule provocation du Ministre, sans décision préalable des tribunaux.

Dans le cas de poursuite d'un officier ministériel, le Ministre,
alors que le tribunal ou la Cour a acquitté ou prononcé une
peine légère, peut-il prononcer la destitution? Des doutes ont
été émis. L'art. 91 de la loi du 28 avril 1816 a reconnu au
titulaire d'un office ministériel, par le droit de présentation,
un droit de propriété sur cet office. On a dit que ce droit ne
pouvait être anéanti par le garde de seaux. Pourtant la solution contraire semble résulter de l'art. 103 du décret de 1808
qu'aucun texte n'a abrogé. Telle est du reste la doctrine suivie
par la chancellerie et consacrée par la Cour de cassation.
Cass. 14 août, 19 avril, 21 août 1850. — D. P. 50. I. 188.
Le Ministre a le droit de faire transcrire ses arrêtés disciplinaires sur le registre des délibérations du tribunal dont il
annule ou modifie les jugements disciplinaires. (Décisions du
garde des sceaux du 15 fev. 1833 et 4 juillet 1834.)

§ 2.

POUVOIRS DU GARDE DES SCEAUX SUR LES MAGISTRATS.

Aux termes de l'art. 80 de la loi du 27 ventôse an VIII. « Le
gouvernement, par la voie de son commissaire et sans préjudice du droit des parties intéressées, dénoncera au tribunal
de cassation, section des requêtes, les actes par lesquels les
juges auront excédé leurs pouvoirs, ou les délits commis par

eux relativement à leurs fonctions. » — Ainsi le garde des sceaux n'avait sous ce régime que la faculté de dénoncer les magistrats coupables à la Cour de cassation et de provoquer une répression; il n'avait pas lui-même de pouvoir disciplinaire propre.

L'art. 57 de la loi du 20 avril 1810 permit au ministre de la justice de mander auprès de sa personne, quand il le jugerait convenable, les membres des Cours et Tribunaux, à l'effet de s'expliquer sur les faits qui pourraient leur être reprochés.

Aux termes de l'art. 4 du décret du 1er mars 1852, lorsqu'un magistrat avait été frappé de la suspension, la décision était transmise au Garde de sceaux, qui pouvait dénoncer le magistrat à la Cour de cassation, pour faire prononcer sa déchéance.

Actuellement les pouvoirs du Garde des sceaux sont déterminés par la loi du 30 août 1883, dont l'art. 17 reconnaît au Garde des sceaux trois droits : le droit de surveillance, le droit de réprimande et le droit de *veniat*.

En vertu de son droit de surveillance, le Garde des sceaux adresse aux magistrats, sous forme de circulaires, des instructions relatives à l'administration judiciaire et à la discipline des Tribunaux. Il approuve les règlements particuliers rédigés conformément au décret de 1808, art. 9 à 106. Il reçoit le discours prononcé par le Procureur général en Chambre du Conseil, le premier mercredi qui suit la rentrée, sur la manière dont la justice a été rendue, dans le ressort, pendant l'année écoulée (loi du 20 avril 1810, art. 8). Il vérifie les registres de pointes tenus conformément à l'art. 11 du décret de 1808 et examine s'il n'y a pas lieu de remplacer comme démissionnaires, les juges et officiers du Ministère public, qui se sont absentés sans congé, et qui ne se sont pas rendus à leur poste, malgré les réquisitions du Procureur général, dans les conditions prévues par l'art. 48 de la loi de 1810.

Il propose la mise à la retraite des magistrats que des infirmités graves et permanentes mettent hors d'état d'exercer leurs fonctions, conformément à la loi du 16 juin 1824, et à l'art. 15, *in fine*, de la loi du 30 août 1883, ou de ceux qui ont atteint la limite d'âge, fixée par le décret du 1er mars 1852.

Enfin il défère au Conseil supérieur de la magistrature tout magistrat qui s'est rendu passible d'une peine disciplinaire, (loi de 1883, art. 6.)

En vertu de son droit de *veniat*, qui lui est accordé par le dernier alinéa de l'art. 17, le Garde des sceaux peut appeler auprès de lui tout juge ou officier du Ministère public, soupçonné ou dénoncé, afin qu'il s'explique sur les faits qui lui sont reprochés.

Au Garde des sceaux appartient encore le droit de réprimande.

Sous l'empire des lois antérieures à 1883, lorsqu'un magistrat avait commis une faute légère ou s'était rendu coupable de négligence, le Garde des sceaux pouvait le rappeler à l'ordre ou l'inviter à mieux remplir ses fonctions.

D'après l'art. 17 aliéna 2, de la loi du 30 août 1883, le Garde des sceaux a, en pareil cas, le droit d'adresser aux magistrats une réprimande. Y a-t-il là une peine disciplinaire? On pourrait le croire. En effet, la seconde peine édictée par l'art. 50 de la loi de 1810 était la réprimande. Cette peine peut être également prononcée par les Chambres de discipline contre les avoués, notaires, huissiers. Pour les avocats l'art. 18 de l'ordonnance du 20 novembre 1822 place la réprimande, sans autre indication, parmi les peines de discipline, entre l'avertissement et l'interdiction temporaire.

Cependant l'intention du législateur de 1883 ne paraît pas avoir été de donner au Garde des sceaux, qui est le chef et non le juge du magistrat, le droit d'appliquer une peine disciplinaire. En effet, le projet voté par la Chambre des députés, portait que le Garde des sceaux pourrait infliger un blâme aux magistrats. Au Sénat, on a substitué le mot réprimande au mot blâme, parce que ce dernier mot pouvait faire croire qu'il s'agissait d'une peine, le blâme étant dans notre ancien droit une peine infâmante.

De plus, dans le projet adopté par la Chambre des députés, la forme dans laquelle le blâme était adressé pouvait donner à penser qu'il s'agissait d'une pénalité.

« Aux termes du projet de la Chambre des députés, disait le rapport au Sénat, le magistrat blâmé devait être mandé devant la Cour d'appel pour y recevoir, en Chambre du Conseil ou en Assemblée générale de la Cour, notification de la sentence prononcée contre lui par le chef suprême de la magistrature. Étant donné la substitution de la réprimande au blâme, cette humiliante solennité n'a plus de raison d'être, car la réprimande n'ayant pas le caractère d'une peine ne comporte pas la publicité relative qui s'attache aux actes émanant de la juridiction disciplinaire. Elle sera donc seulement portée d'une façon officielle à la connaissance du magistrat qu'elle concerne. »

L'art. 17 nous dit dans quelle forme cette réprimande peut être adressée. S'il s'agit d'un membre de la magistrature assise, elle sera notifiée au magistrat par le premier président; s'il s'agit d'un membre du parquet, par le Procureur général.

Aucune voie de recours, autre que la voie gracieuse, n'est admise contre la réprimande du Garde des sceaux. — Le magistrat qui protesterait ouvertement contre la mesure dont il est l'objet pourrait être poursuivi disciplinairement.

En dehors du droit de réprimande, le Garde des sceaux n'a pas contre les magistrats de juridiction disciplinaire propre ; il ne peut que traduire, comme on l'a vu, le magistrat devant le Conseil supérieur de la magistrature. Il peut encore, s'il s'agit d'un magistrat non inamovible, proposer à la signature du Président de la République un droit de révocation.

On ne saurait méconnaître au magistrat menacé de réprimande le droit de se justifier aux yeux du Garde des sceaux.

TITRE TROISIÈME.

EXERCICE DE L'ACTION DISCIPLINAIRE.

Nous diviserons ce titre en deux chapitres. Dans le premier nous examinerons à quelles personnes appartient l'action disciplinaire dirigée contre les avocats et les officiers publics. Dans le second nous nous occuperons de l'exercice de l'action disciplinaire contre les magistrats.

CHAPITRE PREMIER.

Exercice de l'action disciplinaire contre les Avocats et les Officiers publics.

Les personnes qui exercent l'action disciplinaire ne sont pas les mêmes, selon que l'on se trouve devant une juridiction de famille ou de discipline intérieure, ou devant les cours et tribunaux. D'où la division de ce chapitre en deux sections.

PREMIÈRE SECTION.

EXERCICE DE L'ACTION DISCIPLINAIRE DEVANT LES JURIDICTIONS DE DISCIPLINE INTÉRIEURE.

Qui peut exercer l'action ? De même que l'action publique ne peut être exercée que par les personnes que la loi a spécialement chargées de ce soin, de même l'exercice de l'action disciplinaire n'appartient qu'à ceux à qui la loi l'a délégué. Nous devons donc chercher quelles sont les dispositions légales qui attribuent l'exercice de cette action à certaines personnes devant les différentes juridictions disciplinaires.

Auprès du Conseil de l'ordre des avocats il n'y a pas de membre spécialement chargé de diriger et de soutenir l'accusation contre l'avocat inculpé. — Le Conseil est valablement saisi par la plainte de la partie intéressée. Il peut exercer telles poursuites qu'il juge convenable lorsqu'une infraction disciplinaire est venue à sa connaissance. C'est ce qui résulte de l'art. 15 de l'ord. du 20 nov. 1822 :

« Les Conseils de discipline répriment d'office, ou sur les plaintes qui leur sont adressées, les infractions ou les fautes commises par les avocats inscrits au tableau. »

Lorsque les avocats ne sont pas en nombre suffisant pour que le Conseil puisse régulièrement se constituer, les pouvoirs de discipline passent au tribunal. On a soutenu que dans ce cas le tribunal pouvait, comme le Conseil de l'ordre, se saisir d'office et exercer des poursuites sans attendre les réquisitions du Procureur de la République. De ce que le tribunal

'oue le rôle de Conseil de discipline, cela ne veut pas dire
que la composition de ce tribunal doive être changée. Or, dans
tout tribunal de 1ʳᵉ instance, il y a une personne qui remplit
les fonctions de ministère public. Il doit en être ainsi, même
dans notre hypothèse. La raison qui faisait que le Conseil de
l'ordre devait se saisir d'office : l'absence de personne char-
gée de ce soin, n'existe plus. — Nous verrons ultérieurement
que devant les juridictions supérieures des cours et tribunaux,
c'est le Ministère public qui est chargé de l'exercice des poursuites disciplinaires. Dans notre cas spécial, il n'y a aucune
raison de déroger à cette règle.

Devant le Conseil de l'ordre des avocats à la Cour de cassation et au Conseil d'État, l'exercice de l'action appartient à
deux membres nommés syndics. Article 8 de l'ordonnance du
10 septembre 1877.

Devant les Chambres de discipline des officiers ministériels,
les poursuites disciplinaires sont exercées par un membre dé-
signé à cet effet.

Pour les Chambres des huissiers, il résulte de l'art. 77 du
décret du 14 juin 1813 que c'est le rapporteur qui défère à la
Chambre les faits qui pourront donner lieu à des mesures de
discipline contre les membres de la communauté.

En ce qui concerne les avoués, l'art. 5 de l'arrêté du 13 frimaire an IX, déclare que parmi les membres dont la Chambre
se compose, il y a « un syndic, lequel est partie poursuivante
contre les avoués inculpés. »

Les commissaires-priseurs de Paris possèdent une Chambre
de discipline. L'art. 2 de l'arrêté du 29 germinal an IX cite
parmi les membres qui composent cette Chambre, un syndic.
Comme d'après l'art. 1ᵉʳ les dispositions de l'arrêté de l'an IX

relatif aux avoués sont applicables aux commissaires-priseurs, concluons que devant leur Chambre de discipline, c'est aussi le syndic qui exerce l'action disciplinaire.

L'art. 6 de l'ordonnance du 4 janvier 1843 est ainsi conçu : « Le syndic est partie poursuivante contre les notaires inculpés. »

Ainsi dans les Chambre d'officiers publics, c'est à un ou plusieurs membres, appelés le plus souvent syndics, qu'il appartient de surveiller la conduite des membres de la corporation et de provoquer contre ceux qui manquent à leurs devoirs l'appli-tion des peines qu'ils ont encourues. De là le nom de Chambres syndicales que l'on donne quelquefois aux Chambres de discipline.

Toutefois le syndic, dans l'exercice de l'action disciplinaire, ne jouit pas d'une indépendance absolue. — Devant les Chambres d'huissiers, le rapporteur déférera les membres coupables à la Chambre, « soit d'office, soit sur la provocation des parties intéressées ou de l'un des membres de la Chambre, » dit l'art. 77 du décret de 1813. — Pour les avoués, l'art. 11 de l'arrêté de l'an IX déclare que « le syndic défère à la Chambre les faits relatifs à la discipline et il est tenu de les lui dénoncer, soit d'office, soit sur la provocation des parties intéressées, soit sur celle de l'un des membres de la Chambre. — En ce qui concerne les notaires, l'art. 17 de l'ord. de 1843 décide que le syndic sera tenu de dénoncer à la Chambre les faits relatifs à la discipline, « soit d'office, soit sur l'invitation du Procureur du roi, soit sur la provocation des parties intéressées ou d'un membre de la Chambre. »

Il résulte de ces textes que trois sortes de personnes peuvent obliger le syndic à exercer des poursuites disciplinaires : le ministère public, les parties intéressées, les membres de la Chambre. .

Bien que les dispositions concernant les huissiers et les avoués que nous venons de citer ne parlent pas du ministère public, on est d'accord pour décider que celui-ci peut contraindre le syndic ou le rapporteur à saisir la Chambre. C'est là une conséquence du pouvoir de surveillance que les articles 45 et suivants de la loi du 20 Avril 1810 donnent au procureur général et à ses substituts sur les officiers ministériels.

Mais si le syndic doit procéder à des poursuites disciplinaires lorsqu'il y est invité par le ministère public, il conserve sa liberté d'appréciation. Il est complètement indépendant dans les conclusions à prendre contre l'inculpé et il n'est pas forcé de requérir l'application d'une peine. — Lorsqu'il s'agit de l'exercice de l'action publique , le procureur général peut ordonner à un substitut d'intenter l'action ; mais à l'audience ce dernier est libre de conclure contrairement aux ordres de son chef. C'est cette idée que l'on exprime par l'adage. « La plume est serve mais la parole est libre ». Cette règle est applicable au syndic. Mais ici il y a une autre raison pour décider en faveur de l'indépendance du syndic. Celui-ci n'est pas le délégué du ministère public ; il agit devant la chambre en vertu d'un pouvoir propre. C'est ce qu'a reconnu le tribunal de Reihel par un jugement du 29 Avril 1838. (J. des notaires art. 10,206)

Qu'arrivera-t-il si le syndic refuse d'obéir aux injonctions du ministère public et néglige d'exercer les poursuites ? Nous avons vu que, dans ce cas, le Procureur de la République pourrait citer l'officier public devant le tribunal, en requérant contre lui l'application d'une peine de discipline intérieure,

Les dispositions qui reconnaissent à certaines personnes le pouvoir de contraindre le syndic à exercer des poursuites, doivent être entendues restrictivement parce qu'elles apportent des restrictions aux droits qui découlent pour le syndic de la nature de ses fonctions.

Ainsi un officier ministériel peut dénoncer une faute disciplinaire commise par un de ses collègues au syndic, mais celui-ci ne sera pas tenu d'agir si l'officier ministériel ne fait pas partie de la chambre.

Dans le même ordre d'idées nous devons décider que le droit qui est attribué au ministère public n'appartient pas au tribunal de première instance. Lorsqu'il a été saisi pour des poursuites disciplinaires de la compétence de la chambre, tout ce que le tribunal peut faire c'est de se déclarer incompétent, il ne peut enjoindre au syndic de saisir la chambre de discipline. Pourtant cette solution a été contestée par certains auteurs qui exagèrent le pouvoir que les tribunaux possèdent sur les officiers publics et ministériels. Mais les textes disciplinaires attribuent aux chambres de discipline et aux tribunaux des compétences distinctes ; aucun d'eux ne reconnaît aux tribunaux le pouvoir qu'on veut leur attribuer. Bien plus, les textes qui énumèrent les personnes qui peuvent forcer le syndic à exercer des poursuites devant la chambre ne mentionnent pas les tribunaux de première instance. — Notre opinion semble confirmée par un arrêt de cassation du 8 Octobre 1829, cassant un arrêt d'une chambre de mise en accusation, qui renvoyait un officier ministériel devant sa chambre de discipline. Sir. 29. 1. 377.

Nous pouvons faire remarquer du reste que cette discussion présente peu d'intérêt pratique. Lorsque le tribunal aura invité le syndic à saisir la chambre, le ministère public, en fait, ordonnera au syndic d'exercer les poursuites, et la décision prise par le tribunal sera ainsi exécutée.

Le ministère public, la partie lésée, et les membres de la chambre qui ont le droit de forcer le syndic à citer un officier ministériel devant la chambre ne peuvent le citer eux-mêmes. En effet les textes disciplinaires supposent toujours que la citation est faite par le syndic. Art. 81 du décret du 14 Juin 1813. Art. 11 de l'arrêté du 13 frimaire an IX, Art. 17 de l'ordonnance du 4 Janvier 1843.

L'art. 18 de la même ordonnance permet au notaire plaignant de citer directement, lorsqu'il s'agit d'un différent sur lequel la chambre ne doit émettre qu'un avis, tandis que l'art. 17 lui refuse ce droit lorsqu'il s'agit d'une poursuite disciplinaire à exercer. Le rapprochement de ces articles nous permet de constater que c'est intentionnellement que le législateur a refusé, en matière disciplinaire le droit que les art. 145 et 182 du Code d'Instruction criminelle accordent à la partie lésée en matière correctionuelle et en simple police.

Aucune décision ne peut être rendue par une chambre de discipline qu'après que le syndic a été entendu : « Attendu, porte un arrêt du 1er Mars 1853, qu'aux termes de l'art 6, le syndic de la chambre des notaires, partie poursuivante contre les notaires inculpés, doit être entendu préalablement à toute délibération de la chambre. Cass. 1er Mars 1853. Sir 53 1.277 Cass. 3 Juin 1863. Sir 63. 1. 503. 4 Juillet 1864. Sir 64. 1. 417. Il résulte de ces arrêts que le syndic doit prendre ses conclusions en présence de l'inculpé, de manière que celui-ci soit à même de répondre.

Le syndic joue, devant les chambres de discipline, le rôle de

Ministère Public. Or, en vertu de la règle de l'indivisibiliié du Ministère Public, il n'est pas nécessaire que ce soit toujours le même membre qui siège devant le Tribunal. De même si une chambre a plusieurs syndics il n'est pas nécessaire que ce soit toujours le même qui siège dans une même affaire.

DEUXIÈME SECTION.

EXERCICE DE L'ACTION DISCIPLINAIRE DEVANT LES COURS ET TRIBUNAUX.

Nous pouvons poser en principe que c'est au Ministère Public qu'appartient l'exercice de l'action disciplinaire devant les Cours et Tribunaux. C'est ce qui résulte de l'art. 53 de la loi du 25 ventôse an XI, d'après lequel les peines disciplinaires sont prononcées contre les notaires par le Tribunal Civil « à la poursuite et diligence du Commissaire du Gouvernement. » Aux termes de l'art. 73 du décret du 14 juin 1813 toute condamnation des huissiers à l'amende , à la restitution et aux dommages-intérêts pourra être prononcée par le Tribunal « à la requête du Ministère Public. » — D'après l'art. 103 du décret du 30 mars 1808 les mesures de discipline à prendre contre les officiers ministériels dans les Cours et Tribunaux en assemblée générale seront arrêtés « sur les réquisitoires du Ministère Public. »

Devant les Cours d'appel, l'exercice de l'action disciplinaire appartiendra au procureur général, à ses avocats généraux et ses substituts. Devant les tribunaux de première instance l'exercice de cette action sera dévolu au procureur de la République et à ses substituts. C'est ce qui résulte de l'art. 45 de la loi du 20 avril 1810 d'après lequel les procureurs généraux ont la surveillance des officiers ministériels du ressort. L'art. 47, qui décide que les substituts du procureur général exercent la même action (l'action de la justice criminelle) doit s'étendre à l'action disciplinaire. Cet article se termine par ces mots : « sous la surveillance et la direction du procureur général. » En application de cette disposition, des circulaires ministérielles invitent les membres des parquets de première instance à prévenir le procureur général toutes les fois qu'ils estiment qu'il y a lieu de poursuivre disciplinairement un officier public. Circ. du 12 janv. 1843.

L'art. 11 de la loi du 20 avril 1810, qui donne aux Cours d'appel en assemblée générale le droit d'enjoindre au procureur général de poursuivre à raison de crimes ou de délits qui lui sont dénoncés par un de ses membres, et l'art. 235 du code d'instr. criminelle d'après lequel la Chambre des mises en accusation peut d'office ordonner des poursuites sont-ils applicables en matière disciplinaire ? — Nous répondrons négativement. En effet, de même qu'en matière disciplinaire, l'indépendance du Ministère Public est la règle. Pour qu'il soit dérogé à cette règle il faut qu'un texte vienne apporter une exception. Ce texte nous le trouvons en ce qui concerne la poursuite des crimes et des délits, nous ne le trouvous pas en notre matière.— Du reste on conçoit très bien que le droit tout à fait exceptionnel que les textes précités confèrent aux Cours d'appel n'existe pas en ce qui concerne l'action disciplinaire.

Il y a un intérêt d'ordre public à ce qu'aucun crime ni aucun délit n'échappe à la répression ; il y a un intérêt beaucoup moindre à réprimer les infractions disciplinaires qui ne sont que des manquements aux devoirs professionnels. Décider autrement serait assimiler l'action disciplinaire à l'action publique, assimilation que nous avons repoussée pour des raisons déjà énumérées.

On admet généralement que les Chambres d'accusation ne peuvent faire d'injonctions au Ministère Public à raison de l'application de mesures disciplinaires. Mais d'éminents auteurs décident que l'art. 11 de la loi de 1810 est applicable en notre matière (1). Quelques uns déclarent que cette solution résulte implicitement d'un arrêt de la Cour de Cassation du 8 octobre 1829. — C'est là, je crois, une fausse interprétation de cet arrêt. Voici tout ce qui résulte des termes des considérants: Une Chambre d'accusation n'a pas le droit d'ordonner des poursuites disciplinaires contre un officier public après avoir déclaré qu'il n'y avait lieu à accusation. L'arrêt commence par déclarer que la Chambre d'accusation n'a pas le droit de prescrire des poursuites au Ministère Public à ce sujet, puis il examine quels sont les cas dans lesquels les Cours d'appel peuvent faire des injonctions au Ministère Public. En matière criminelle il en trouve deux: celui de l'art. 11 de la loi de 1810 et celui de l'art. 235 du Code d'Inst. crim ; mais ce dernier article est inapplicable parce qu'il ne permet à la Cour d'ordonner des poursuites qu'avant de se prononcer sur la mise en accusation. On voit qu'il n'y a rien dans cet arrêt qui vienne combattre notre opinion. Sir. 29. 1. 377.

Du reste ce système est celui d'un arrêt de Cassation du 26 janvier 1841 qui annule une délibération d'un Tribunal

(1) Morin, Discipline des Tribunaux, t. 2, N° 696.

invitant le Ministère Public à faire des réquisitions à propos de l'illégalité du tarif d'une Chambre de notaires.

Voici les termes du réquisitoire de M. le Procureur général Dupin dont la Cour s'appropria les motifs :

« En invitant le Procureur du Roi à faire des réquisitions au sujet de l'illégalité du tarif, le Tribunal de Saint-Malo a violé le principe de l'indépendance et de la spontanéité d'action du Ministère Public ; il s'est arrogé par là un droit que l'art. 11 de la loi du 20 avril 1810 n'attribue qu'aux Cours royales *et seulement pour la poursuite des crimes et délits*. Sir. 41. 1. 133. »

Il résulte de cet arrêt que, de même que les Cours d'appel, les tribunaux de 1re instance n'ont pas le droit d'ordonner au Ministère Public d'exercer des poursuites au sujet d'une infraction disciplinaire. Du reste ce droit ne leur est même pas accordé pour la poursuite des crimes et des délits.

Les Chambres de discipline ne peuvent pas non plus forcer le Procureur de la République à exercer l'action disciplinaire. Elles peuvent émettre l'avis qu'il y a lieu à la suspension ou à la destitution d'un officier ministériel, mais cette décision ne lie pas le Ministère Public.

En matière disciplinaire, la partie lésée n'a pas le droit de saisir le juge par une citation donnée à l'inculpé. Ce droit ne lui appartient que devant le Tribunal de simple police et le Tribunal correctionnel., Aucun texte ne reproduit en ce qui concerne les juridictions disciplinaires, les dispositions des art. 145 et 182 du code d'instr. criminelle.

La partie lésée ne peut pas davantage provoquer par une plainte l'action du Ministère Public. Si le syndic est tenu de dénoncer à la Chambre les faits relatifs à la discipline sur la sollicitation des parties intéressées, il n'y a pas de texte qui impose le même devoir au Ministère Public.

Lorsque les griefs articulés contre un officier public par le plaignant sont portés à la connaissance du Procureur de la République, celui-ci a le droit de ne pas en tenir compte s'il estime qu'ils ne constituent pas une infraction. Si au contraire il pense que la dénonciation est fondée, il peut, avant d'agir, se livrer à des investigations complémentaires ou saisir immédiatement le Tribunal.

Mais le refus du Ministère Public de suivre sur une première plainte n'éteint pas l'action disciplinaire. Dès lors, si au cours d'une action civile, formée contre un officier public, de nouvelles charges se révèlent, le Procureur de la République a le droit d'agir par voie disciplinaire à raison des faits qui antérieurement ne lui avaient pas paru suffisamment établis.

Le Ministère public, avant de citer un officier ministériel devant le tribunal, n'est pas tenu de consulter préalablement la chambre de discipline. Les dispositions disciplinaires n'exigent pas, dans ce cas, l'intervention de la Chambre. Bordeaux, 3 décembre 1827, Sir. 28.2.190. Cass. 2 août 1848. Sir. 48. 1.629.

Lorsque le Ministère public a saisi le Tribunal d'une poursuite disciplinaire, son désistement n'éteint pas l'action et n'empêche pas les juges de statuer. En matière répressive, il est de principe que le Ministère public ne peut faire aucun acte qui ait pour effet de désaisir le Tribunal de l'action engagée. Du moment que les poursuites ont été engagées, il est nécessaire qu'une décision intervienne tant dans l'intérêt de l'inculpé, qui doit être justifié s'il n'est pas coupable, que dans celui des compagnies judiciaires, à qui il importe que l'infraction disciplinaine ne reste pas impunie.

Quelle est la valeur de la décision prise par le Ministère public lorsque, certains faits lui étant dénoncés, il refuse d'exercer l'action disciplinaire à raison de ces faits, estimant qu'ils ne constituent pas des infractions disciplinaires ? Cette question se pose notamment lorsque l'officier ministériel dénoncé, veut intenter une action en dénonciation calomnieuse contre ceux qui ont signalé les actes prétendus coupables. On décide généralement que pour que les tribunaux puissent statuer sur une plainte de ce genre, il faut que la fausseté des faits dénoncés ait été reconnue par l'autorité compétente. — Quelle est cette autorité compétente ? Il semble évident que c'est aux Chambres de discipline et aux Tribunaux statuant disciplinairement, qu'il appartient de décider de l'existence des fautes de discipline reprochées à un officier public. Partant, il ne suffit pas que le Ministère public ait refusé d'exercer des poursuites pour que les faits dénoncés soient considérés comme faux. Un arrêt de cassation du 18 déc. 1846, a jugé que dans le cas de dénonciation adressée au Ministère public contre un officier ministériel, pour fautes disciplinaires, la constatation légale de la fausseté des faits n'est pas suffisamment établie par le refus écrit du Procureur général de poursuivre sur les faits dénoncés. Cet arrêt déclare « que si l'art. « 45 de la loi du 20 avril 1810 attribue aux procureurs géné- « raux un droit de surveillance sur les officiers ministériels « de leur ressort, ni cette loi, ni aucune autre ne les investit du « pouvoir de statuer sur le caractère des infractions dont ces « officiers se seraient rendus coupables. » Sir. 47.1.151.

Telle n'était pas la jurisprudence primitive de la Cour de

cassation. Voir arrêt du 11 novembre 1842. Sir. 43 1.640. La jurisprudence nouvelle a rencontré des résistances. Un arrêt de la Cour de Pau, du 23 juillet 1865, a décidé que le refus d'un Procureur général d'exercer des poursuites à la suite d'une dénonciation portée contre un notaire, constituait une décision sur la fausseté des faits énoncés dans la dénonciation. (Jurispr. du Notariat, art. 12.863). Voir aussi un jugement du tribunal de Mulhouse du 11 janvier 1870 (J. des notaires, art. 19,918). — C'est une doctrine qui est aussi soutenue par plusieurs auteurs. Elle repose surtout sur des considérations pratiques. On fait remarquer qu'il est injuste de traiter plus mal l'officier ministériel lorsqu'il est plus certain qu'il était innocent des faits dont on l'accusait : c'est parce que la fausseté des faits a paru évidente au Ministère public qu'il lui sera presque impossible de poursuivre son calomniateur.

Notons d'abord qu'il sera assez facile à l'officier ministériel d'obtenir de la Chambre de discipline, une délibération constatant l'inexistence des faits dénoncés. Cette considération a touché certains auteurs. Faisant des rectrictions à l'opinion absolue dont nous venons de parler, ils la repoussent lorsque les faits qui font l'objet de la dénonciation sont de la compétence des juridictions de discipline intérieure et ne l'admettent que lorsque ces faits sont de nature à motiver une poursuite devant les tribunaux. — Nous pouvons répondre que, la plupart du temps, les dispositions légales n'ont pas attaché de peines déterminées à chaque faute disciplinaire. Un même fait, selon les circonstances, pourra être considéré comme une faute de discipline intérieure, ou comme une faute punissable d'une peine de la compétence des tribunaux. Il en résulte que presque toujours les Chambres de discipline pourront apprécier les faits dénoncés.

Du reste quelque élevée que soit la position d'un membre du Ministère public, il n'est pas possible de reconnaître à son avis la valeur d'une décision disciplinaire. Tout ce que les textes permettent au Ministère public, c'est de citer les officiers ministériels devant les Tribunaux ou de prendre des réquisitions contre eux : aucun ne leur donne le droit de rendre une décision. La jurisprudence de la Cour de cassation paraît définitivement fixée en ce sens :

Cass. 13 septembre 1860. Sir. 61.1.297.

15 novembre 1867. Sir. 68.1.237.

29 décembre 1870. Sir. 71.1.38.

24 avril 1874.   Sir. 74.1.286.

Ce dernier arrêt décide « Qu'en matière de dénonciation calomnieuse, la vérité ou la fausseté des faits ne peut être appréciée et déclarée que par l'autorité dans les attributions de laquelle rentre la connaissance de ces faits : que d'après les dispositions des art. 50 et 53 de la loi du 25 ventôse an II ; et de l'ordonnance des 4-12 janvier 1843, il n'appartient qu'à la Chambre des notaires ou au Tribunal civil de connaître des faits pouvant entraîner une peine disciplinaire, qui auraient été imputés à un notaire ; que par suite, ces autorités seules ont compétence pour déclarer la vérité ou la fausseté de ces faits. »

CHAPITRE DEUXIÈME.

Exercice de l'action disciplinaire contre les Magistrats.

La plupart des règles que nous allons exposer dans ce chapitre n'ont plus qu'un intérêt historique, depuis la promulgation de la loi du 30 août 1883 sur l'organisation judiciaire.

Dans une première section, nous passerons rapidement en revue la législation disciplinaire antérieure à 1883. Dans une seconde section, nous indiquerons les innovations consacrées par la nouvelle loi.

SECTION PREMIÈRE.

DE L'ACTION DISCIPLINAIRE CONTRE LES MAGISTRATS SOUS LA LÉGISLATION DE 1810.

Au sommet de la hiérarchie, le Garde des seaux exerçait sur tous les magistrats un droit de surveillance et de discipline. Il pouvait user du droit de *venial*, appeler les magistrats près de lui ; il avait la faculté de les avertir, de les réprimander.

Lorsque la faute était grave, le Garde des sceaux traduisait le coupable devant la Cour de Cassation. (*Senatus-consulte* du 16 thermidor, an X, art. 81. Loi du 20 avril 1810, art. 56 et 59.)

La Cour de cassation était invertie d'un droit de censure et de discipline sur les magistrats de toute juridiction.

Comment était portée devant elle l'action disciplinaire ? Les textes ne permettent pas de répondre d'une manière précise. Dans le silence de la loi, on décidait que la Cour de cassation était saisie par un réquisitoire du Procureur général sur l'invitation du Garde des sceaux.

Cependant, on tendait à admettre que la Cour de cassation pouvait agir d'office lorsqu'elle exerçait son pouvoir contre un de ses membres Cette doctrine a été consacrée par un arrêt de cette cour du 21 juillet 1871, qu'il est intéressant de citer :

« Attendu qu'à la cour de cassation appartient le pouvoir disciplinaire contre ses membres et qu'ainsi elle a le droit de soumettre à son examen, même d'office, les actes des magistrats qui la composent lorsqu'elle juge que sa dignité s'y trouve engagée et de quelque manière que les faits à juger par elle soient arrivés à sa connaissance. (Considérant du réquisitoire du Procureur général adopté par la Cour. Sir. 71. 1. 187.) »

Au-dessous de la cour de cassation, les cours avaient sur les tribunaux inférieurs un double pouvoir de surveillance et de discipline. Les tribunaux de 1re instance avaient le même pouvoir sur les juges de paix.

Le droit de surveillance était provoqué par le Procureur général qui, au début de chaque année judiciaire, en signalait à la cour par une mercuriale les cas d'application. Il invitait la Cour à adresser des avertissements aux tribunaux du ressort dont l'activité laissait à désirer, et parfois il requérait la Cour d'user des pouvoirs disciplinaires que les tribunaux de première instance avaient mal à propos négligé d'exercer.

Quand il s'agissait de l'exercice du droit de discipline sur les magistrats mêmes de la Cour, l'intervention du Procureur général n'était plus nécessaire. L'article 49 de la loi de 1810 disposait en effet « que les Présidents des Cours d'appel et des tribunaux de première instance avertiraient d'office tout juge qui compromettrait la dignité de son caractère » et l'art. 50 ajoutait : « que si l'avertissement restait sans effet, le juge serait soumis par mesure disciplinaire à l'une des peines suivantes : »

On le voit, il n'était pas question dans la loi des réquisitions du chef du parquet. Le législateur de 1810 avait pensé qu'il convenait avant tout de permettre aux compagnies judiciaires de venger leur honneur compromis par les fautes de l'un des magistrats du siège. Voilà pourquoi il affranchissait le droit de poursuite de toute entrave et le rendait indépendant de l'action du Ministère public.

Ce que nous venons de dire du droit de discipline, qui appartenait aux Cours sur leurs membres, s'applique également aux tribunaux de première instance. Le Président jouissait, concurremment avec le Procureur, du droit de convoquer le tribunal en assemblée générale pour lui soumettre l'appréciation de fautes imputées à un membre de ce tribunal.

Enfin, la surveillance disciplinaire des juges de paix appartenait aux tribunaux de première instance, qui pouvaient l'exercer sans réquisitions préalables du Ministère public, et au chef du Parquet, qui avait la faculté de provoquer contre le juge de paix oublieux de ses devoirs, soit la sévérité du Garde des sceaux, soit les pénalités que le tribunal pouvait prononcer en assemblée générale.

SECTION DEUXIÈME.

DE L'ACTION DISCIPLINAIRE CONTRE LES MAGISTRATS SOUS L'EMPIRE DE LA LOI DU 30 AOUT 1883.

La loi de 1883 a abrogé les dispositions des lois antérieures sur la discipline des Cours et des Tribunaux. Elle a organisé un conseil supérieur de la magistrature qui a charge de connaître de toutes les infractions disciplinaires relevées contre les magistrats. Aux termes de l'art. 13, c'est la Cour de cassation siégeant toutes chambres réunies qui constitue ce conseil supérieur de la magistrature.

Comment est saisi le Conseil supérieur? L'art. 16 de la loi du 30 août 1883, répond : « Le Conseil supérieur ne pourra être saisi que par le Garde des sceaux. » Cette disposition a été vivement critiquée lors de la discussion à la Chambre des députés (J. officiel du 6 juin 1883.) — « Du moment où M. le Garde des sceaux est le maître de l'action disciplinaire, a dit M. de Marcère... il peut l'exercer ou la suspendre à son gré. Il peut attraire tel magistrat et ne pas attraire tel autre ; il est le maître de l'action et, par conséquent, il tient tous les magistrats à sa discrétion. Tel magistrat, qui, dans des circonstances politiques, pourra se croire à l'abri des poursuites disciplinaires, grâce à des patronages considérables, à une situation spéciale qui lui aura été faite, pourra commettre tous les actes répréhensibles sans craindre l'exercice du pouvoir disciplinaire ; tel autre se sentira incessamment placé sous le coup de poursuites qui pourront l'atteindre.

Ces critiques nous semblent exagérées. En effet l'article 16 de la loi de 1883 ne fait que reproduire la législation antérieure établie par l'article 82 du sénatus-consulte de l'an X et l'article 9 de la loi de 1810. Sous l'empire de ces lois il a toujours été admis sans contestation par la doctrine et la jurisprudence que le Garde des sceaux avait le droit de citer les magistrats devant la Cour de cassation siégeant disciplinairement et jamais on ne s'est plaint d'abus semblables à ceux que signalait l'honorable M. de Marcère.

D'après l'article 13 de la loi de 1883 le représentant du gouvernement devant le conseil supérieur est le Procureur-Général près la Cour de cassation. C'est lui qui exercera les poursuites au nom du Garde des sceaux. Il n'y a encore rien d'innové en cette matière.

Les Cours d'appel et les tribunaux de première instance ne pouvant plus prononcer de peines disciplinaires contre les magistrats, le Ministère public près ces tribunaux ne jouit plus de l'exercice de l'action disciplinaire. Toutefois le Procureur-Général et le Procureur de la République ont encore un droit de surveillance en vertu duquel ils peuvent faire connaître les fautes dont un magistrat s'est rendu coupable au Garde des sceaux qui saisit le Conseil supérieur, s'il le juge convenable.

TITRE QUATRIEME.

VOIES DE RECOURS.

Ce titre se divisera en deux chapitres. Dans le premier nous étudierons les voies de recours ouvertes contre les décisions des juridictions de discipline intérieure. — Dans le chapitre second nous étudierons les voies de recours qui peuvent exister contre les décisions des tribunaux statuant soit en assemblée générale et en chambre du conseil, soit publiquement sur les infractions disciplinaires commises à leur audience ou sur les fautes des notaires.

CHAPITRE PREMIER.

Voies de recours ouvertes contre les décisions des juridictions de discipline intérieure.

Nous consacrerons un paragraphe à chacune des voies de recours suivantes :

I. — *Opposition*.
II. — *Appel*.
III. — *Pourvoi en cassation*.

Dans un 4ᵉ paragraphe nous examinerons si d'autres voies de recours sont ouvertes.

I. — OPPOSITION.

Il est de principe que nul ne peut être condamné sans avoir été mis à même de se défendre. Aussi, lorsqu'une partie ne s'est pas présentée devant le juge et qu'elle a été condamnée, elle conserve son droit de venir faire entendre ses moyens de défense. Le droit d'opposition existe en toute matière ; il n'a pas besoin d'être écrit dans la loi, il suffit qu'aucune dispone le proscrive.

Pour les magistrats, l'article 16 de la loi du 30 août 1883 en décidant que le conseil supérieur ne peut statuer qu'après que le magistrat inculpé aura été entendu ou dûment appelé, ouvre implicitement la voie de l'opposition à celui qui aurait été condamné par défaut.

Ce droit existe également pour les avocats et les officiers ministériels. C'est ce qu'a décidé un arrêt de la Cour de cassation en cassant un arrêt de la Cour d'assises de Vienne qui avait déclaré non recevable l'opposition formée par un avocat qu'elle avait condamné par défaut à la radiation du tableau pour refus de défendre un accusé : « Attendu, a dit la Cour suprême, que l'opposition à cet arrêt était de droit commun, puisque les jugements et les arrêts par défaut peuvent être attaqués par cette voie, qui est une suite et le complément nécessaire du droit de défense ; qu'il n'est pas besoin qu'elle soit autorisée par une loi formelle ; qu'il suffit qu'elle ne soit pas interdite par une loi spéciale.... » Cass 20 février 1823. Sir. 23. 1.179.

L'opposition est-elle possible contre les décisions des chambres de discipline ? — On en a douté, spécialement en ce qui concerne les chambres des notaires. D'après l'article 17 de l'ordonnance du 4 janv. 1843 le notaire est cité par une simple lettre du syndic. S'il ne comparaît pas il est cité une seconde fois par ministère d'huissier. — L'opposition n'est recevable que parce l'inculpé est censé n'avoir pas eu connaissance de la citation. Cette présomption ne peut être applicable au notaire à qui on a envoyé un double avertissement.

L'art. 20 de la même ordonnance déclare que la Chambre prendra ses délibérations après avoir entendu ou dûment appelé le notaire inculpé. Il n'est donc pas nécessaire que le notaire ait été entendu, il suffit qu'il ait été appelé.

Nous répondrons que le droit d'opposition existe en faveur de la partie qui ne s'est pas défendue par cela seul que le débat n'a pas été contradictoire et sans qu'il soit nécessaire de supposer qu'elle n'a pas eu connaissance de la citation. Du reste, il pourrait arriver que le double avertissement n'ait pas été reçu par le notaire.

Quant à l'art. 20, il décide que lorsque le notaire a été appelé la décision est régulière, mais il ne veut pas dire qu'elle soit nécessairement contradictoire. Quand le notaire fait défaut le droit commun reprend son empire et l'opposition est possible.

— Quelles sont les décisions disciplinaires qui peuvent être attaquées par la voie de l'opposition, en d'autres termes, quelles sont les décisions qui sont considérées comme rendues par défaut ?

Une décision est contradictoire quand les parties ont présenté elles-mêmes leurs moyens de défense au fond. Il en est de même lorsqu'elles ont envoyé leur défense par écrit, lorsque cette défense a été acceptée par la Chambre qui a admis la discussion des explications fournies.

La décision peut être réputée contradictoire si l'inculpé est présent et assiste à tous les débats sans demander la parole. Il est à supposer que s'il ne se défend pas c'est qu'il n'a rien à dire pour se justifier et qu'il s'en rapporte à ce que décidera la Chambre.

Mais en serait-il de même si les parties ne se présentent que pour proposer des questions préjudicielles sans conclure au fond ? On a soutenu l'affirmation en disant que le droit d'opposition est fondé sur cette présomption que la partie appelée n'a point reçu la citation. Or, lorsqu'elle vient présenter des exceptions, elle sait bien qu'elle est l'objet de poursuites : si elle déclare qu'elle ne veut pas se défendre au fond elle est censé renoncer à son droit de défense, En ce sens un arrêt de la Cour de Rennes du 5 Janvier 1838. (Dalloz J. G. v° Discip. jud. n° 124). — Arrêt de la Cour de Caen du 8 janvier 1830. Sir. 30.2.374,

Pourtant, nous ne saurions admettre cette doctrine. Le droit d'opposition est fondé sur ce que l'inculpé n'a pas usé de son droit de défense. S'il a reçu la citation cela ne lui enlève pas le droit de faire défaut. On ne doit pas présumer trop facilement qu'un inculpé a renoncé à se défendre. Si sa défense n'est pas prête et s'il ne veut compromettre sa cause en la présentant d'une manière incomplète, il a le droit de faire défaut afin de pouvoir développer tous ses moyens quand on statuera sur son opposition. Il faut appliquer ici ce qui est décidé pour les jugements correctionnels. D'après la Cour de cassation, le jugement rendu contre une partie qui, en comparaissant se borne à proposer des moyens préjudiciels et refuse de se défendre au fond ne peut être, quant au fond, réputé contradictoire. — Cass. 7 décembre 1822, Sir. 23. 1. 15. — Cass. 13 mars 1835. Sir. 35.1.474.

Lorsqu'une partie a formé opposition à une décision par défaut et qu'elle ne comparaît pas sur la nouvelle citation, la seconde décision rendue contre elle est réputée contradictoire. C'est là une règle posée en matières civile et criminelle, qui est applicable à toutes les juridictions. Art. 22 et 165. Proc. civ. — Art. 150 et 188. Inst. crim.

Dans quel délai l'opposition doit-elle être formée ?

D'après la jurisprudence de la Cour de cassation, les voies de recours contre les décisions disciplinaires doivent être intentées dans les délais fixés dans les affaires civiles. Le Procureur général de Paris, dans une lettre du 10 décembre 1820, appliquait cette solution à l'opposition ; « Quelle doit être la forme de cette opposition ? A défaut de règles spéciales tracées par la loi, il faut s'en référer encore à celles prescrites par le Code de procédure civile plutôt qu'à celles établies en matière correctionnelle ; car bien que les décisions en fait de discipline prononcent des peines, on les a toujours considérées comme appartenant à la justice civile. » Dictionnaire du notariat V° Discipl. not. N° 248.

Nous appliquerons donc ici les articles 157 et 161 du Code de Procédure civile. L'opposition ne sera recevable que pendant les huit jours qui suivrent la signification de la décision faite par le syndic. La requête doit contenir les moyens d'opposition.

Quelles sont les effets de l'opposition. En matière civile, d'après la majorité des auteurs et des arrêts, l'opposition ne peut profiter qu'à celui qui a fait défaut ; le juge ne peut augmenter la condamnation prononcée contre lui. En matière correctionnelle, au contraire, on décide, en général, que l'opposition fait tomber complètement le jugement et que tout doit être remis en cause.

Nous croyons qu'il faut sur ce point suivre les règles du droit criminel. Les mêmes motifs s'appliquent : la gravité des faits n'a peut-être pas été suffisamment aperçue la première fois, l'inculpé peut aggraver sa faute par son attitude devant les juges.

Nous pouvons nous appuyer par analogie sur un arrêt de la Cour de cassation du 23 janvier 1840 qui confirme une décision d'un conseil de discipline de la garde nationale :

« Attendu que par l'effet de son opposition et de sa comparution, le demandeur a fait tomber le jugement par défaut, que dès lors le conseil était investi du droit d'examiner la gravité de la contravention, comme si ce jugement n'eût pas existé. Sir. 40. 1. 1008. »

II. — APPEL.

La voie de l'appel est ouverte contre les décisions du conseil de l'ordre des avocats. Elle n'est pas ouverte contre toutes ces décisions. En effet, l'art. 24 de l'ordonnance du 20 novembre 1822 porte que dans le cas de condamnation à l'interdiction à temps, l'avocat pourra interjeter appel devant la cour du ressort. Il faut en conclure que l'appel ne serait pas admis contre une décision prononçant une peine plus légère. A l'inverse, il le serait à l'égard d'une décision portant condamnation à une peine plus forte. Il y aurait même à examiner en fait si la peine prononcée par le conseil de l'ordre ne contenait pas sous une forme déguisée une de ces peines plus graves, la radiation, par exemple ; cette appréciation serait à faire notamment dans le cas où un avocat ayant été rayé pour cause d'incompatibilité et la cause de l'incompatibilité ayant cessé, le conseil de l'ordre refuserait de le réinscrire au tableau. en serait de même dans le cas où un avocat changeant de résidence, le conseil de l'ordre de sa nouvelle résidence refuserait de l'inscrire ; de même si un avocat était omis une année sur le tableau alors qu'il y figurait les autres années. Cass. 3 juillet 1861. Sir. 61. 1. 606 (2e arrêt).

Nous allons voir que le recours en cassation est également admis contre les décisions des conseils de discipline. On s'est demandé laquelle des deux voies, l'appel ou le pourvoi en cassation, était ouverte dans le cas où le conseil de l'ordre aurait prononcé une peine non prévue par les règlements. C'est l'appel, d'après un arrêt de la Cour de cassation du 17 mars 1867. D. P. 67, 1. 111.

Le droit d'interjeter appel appartient tant au procureur général près la Cour d'appel qu'à l'avocat condamné. Art. 15 de l'ordonnance du 20 nov. 1822. Il semble bien résulter de ce texte une différence entre ces deux sortes d'appel consistant en ce que l'avocat ne peut appeler que dans les cas que nous avons énumérés, le procureur général au contraire pouvant appeler dans tous les cas où les conseils de l'ordre ont prononcé une peine disciplinaire.

Il a été jugé cependant que les procureurs généraux ne pourraient interjeter appel des décisions des conseils qui prononcent sur des difficultés relatives à l'inscription des avocats au tableau. Cass. 3 juillet 1861. Sir. 61. 1. 594.

Le délai, tant pour le procureur général que pour l'avocat

condamné, est de 10 jours à compter de la communication qui leur a été donnée par le bâtonnier de la décision du conseil de discipline. (Ord. de 1822, art. 26.) Il faut une communication textuelle de la décision ; un simple avis ne suffirait pas. Cass. 16 décembre 1862. Sir. 63. 1. 19.

Si l'appel a été interjeté par l'avocat condamné, non-seulement la Cour peut confirmer la première décision, mais elle peut aussi prononcer une peine plus forte. Il y a là une différence avec les règles applicables en droit commun aux matières civiles et criminelles ; cette anomalie s'explique par le désir d'éviter des appels trop fréquents.

Les décisions rendues par les chambres de discipline ne sont pas attaquables par la voie de l'appel. Aucune disposition légale n'attribue aux cours ni aux tribunaux le droit d'approuver ou d'infirmer ces sentences disciplinaires. Caen, 5 avril 1838. Sir. 38. 2. 292. Cass. 11 mars 1846. Sir. 46. 1. 557.

III. — POURVOI EN CASSATION.

L'avocat condamné par le conseil de l'ordre peut avoir la ressource du pourvoi en cassation. Cette voie lui est ouverte pour faire tomber les décisions entachées d'incompétence ou d'excès du pouvoir. Cass. 4 janvier 1853. Sir. 53. 1. 113. — Du reste, il y a lieu d'appliquer aux avocats tout ce que nous allons exposer relativement aux chambres de discipline des officiers ministériels.

Aucun texte spécial n'a donné à la cour de cassation le pouvoir d'annuler les décisions des chambres de discipline. Mais le pouvoir général dont elle est investie de casser les jugements et actes judiciaires pour incompétence et excès du pouvoir, doit être exercé en notre matière.

C'est ce qui est universellement admis aujourd'hui. Caen, 5 avril 1838. Sir. 38. 2. 292.

Toutes les décisions peuvent faire l'objet d'un pourvoi en cassation, les décisions contradictoires, les décisions par défaut quand l'opposition n'est plus recevable, les décisions avant dire droit.

Pour les décisions qui ne mettent pas fin au débat, il faut distinguer entre celles qui ne résolvent définitivement aucun point et qui ne préjugent pas le fond du procès et celles qui sont définitives sur le point qu'elles prévoient. Les dernières seules sont susceptibles de pourvoi indépendamment de la décision sur le fond.

L'inculpé a le droit de se pourvoir en cassation contre une décision qui lui est défavorable.

Ce même droit existe-t-il pour le plaignant? Nous ne le croyons pas. En matière criminelle, la partie civile n'a le droit d'attaquer un jugement qu'en ce qui concerne ses intérêts civils; elle ne peut demander la modification de la partie du jugement qui a trait à l'application de la peine. Or, les chambres de discipline ne prennent aucune espèce de décision concernant les intérêts pécuniaires; elles ne peuvent émettre qu'un simple avis sur ce sujet, et les avis ne sont pas susceptibles de pourvoi en cassation.

Quant à la décision qui prononce une peine, elle a été rendue sur les conclusions du syndic partie poursuivante. Le plaignant n'a pu saisir la chambre d'une action disciplinaire ni intervenir comme partie civile pour obtenir des réparations que la loi ne permet pas à la chambre de lui accorder.

Le syndic seul aurait le droit de se pourvoir contre la décision qui a relaxé l'officier public poursuivi de la plainte. Cass. 4 février 1873. Sir. 73. 1. 100.

Le syndic peut-il déférer à la cour de cassation les décisions par lesquelles une chambre refuse de faire droit à ses conclusions. Ce droit lui est reconnu par l'arrêt que nous venons de citer. On l'a pourtant contesté. Ce droit, a-t-on dit, lui est accordé par suite d'une fausse assimilation du syndic au Ministère public. Or, le Ministère public est nommé par le pouvoir exécutif qu'il représente près les tribunaux; le syndic, au contraire, est nommé par la chambre et agit en son nom. — Si en l'absence de textes. on permet à l'inculpé de se pourvoir contre la décision qui le condamne, il y a là une application du droit de la défense. C'est en vain qu'on viendra soutenir que si le syndic n'a pas le même droit, la discipline en souffrira. Le Ministère public est là. S'il juge que la chambre a usé d'une indulgence excessive à l'égard d'un officier public, il pourra traduire celui-ci devant les tribunaux.

Ces arguments ne sont pas décisifs. Le droit de poursuivre une infraction suppose celui de demander l'annulation d'une décision qui a violé la loi en refusant de punir cette infraction. Nous avons refusé le droit de saisir là Cour de cassation au plaignant, parce qu'il n'est pas partie au débat qui tend à l'application d'une peine. Mais les deux parties, le syndic partie poursuivante et l'inculpé partie poursuivie doivent avoir le même droit de se pourvoir en cassation. Peu importe, par qui le syndic a été nommé ; à ce point de vue, il joue exactement le rôle de Ministère public. S'il ne représente pas le pouvoir exécutif, il représente l'intérêt de la corporation. Or, cet intérêt pas plus que celui de l'inculpé, ne doit être sacrifié.

Quant au Ministère public, il ne pourra déférer l'inculpé aux tribunaux, que s'il juge qu'il mérite une peine supérieure à une peine de discipline intérieure. Si on refuse au syndic le droit d'en appeler à la Cour suprême, on assure l'impunité à l'inculpé acquitté par une chambre trop indulgente, lorsque les faits ne méritent pas la suspension.

Lorsque les parties ont laissé expirer les délais pendant lesquels elles pouvaient se pourvoir en cassation, le Procureur-Général près la Cour de cassation peut déférer la décision à la Cour suprême dans l'intérêt de la loi. 442. Inst. crim. Cette disposition peut s'appliquer en matière disciplinaire.

Les décisions disciplinaires ne peuvent être cassées par la Cour de cassation que pour incompétence ou excès de pouvoir. Quand y a-t-il incompétence ou excès de pouvoir?

Dans certains cas, l'incompétence et l'excès de pouvoir se confondront. Lorsqu'une Chambre condamne un officier public à restituer des honoraires à un tiers, elle statue sur un point qui est de la compétence des Tribunaux civils et commet en même temps un excès de pouvoir, en s'attribuant un pouvoir qui n'appartient pas à sa juridiction.

Quand une Chambre enjoint à un officier public de renvoyer un clerc, il y a excès de pouvoir, mais non incompétence. La Chambre s'est arrogé un droit qu'elle n'avait pas, mais n'a empiété sur les pouvoirs d'aucune autre juridiction.

Ainsi il y a incompétence quand la Chambre a usurpé les fonctions d'une autre juridiction, sinon excès de pouvoir.

Il y a incompétence quand une sentence a été rendue par une Chambre composée irrégulièrement.

Il y a excès de pouvoir, quand une Chambre n'observe pas les formalités prescrites par la loi; quand elle reçoit des preuves non admises par la loi (ce qui arrivera rarement, les juridictions disciplinaires ayant une grande latitude en matière de preuve) ; lorsqu'elle refuse aux parties de se servir de moyens, de preuves admissibles ; lorsqu'elle viole la chose jugée ; lorsqu'elle applique des pénalités arbitraires.

L'inculpé peut invoquer à l'appui de son pourvoi les excès de pouvoir qui ont eu pour résultat de paralyser ses moyens de défense. Le syndic peut relever les irrégularités qui ont entravé l'action et empêché la répression des faits punissables.

Le syndic peut baser son pourvoi sur ce que les violations de la loi ont empêché la partie lésée de justifier sa plainte, bien que nous ayons décidé que le plaignant ne pouvait se pourvoir en cassation. Cet excès de pouvoir a peut-être empêché la connaissance de faits que la juridiction disciplinaire avait pour mission de punir.

En principe, la Cour de cassation, comme en matière civile et criminelle, ne peut entrer dans l'examen des faits. Elle tient donc pour constants les faits admis par les chambres de discipline, mais elle se réserve le droit d'apprécier si ces faits constituent une infraction disciplinaire. C'est ce qui résulte d'un arrêt du 18 mai 1870, par lequel elle a décidé que deux faits qualifiés par une Chambre de discipline d'actes indignes du notariat n'étaient que l'exercice d'une faculté légitime et ne pouvaient légalement motiver l'application d'une peine disciplinaire. (Sir. 70. 1. 236).

La jurisprudence admet que l'erreur dans les motifs ne suffit pas pour entraîner la cassation d'un jugement ou d'un arrêt, qui se justifie par d'autres motifs contenus dans ces décisions, ou même par des motifs de droit que la Cour se reconnaît le pouvoir de suppléer. Cette solution doit être admise en matière disciplinaire.

Mais cette solution cesse d'être applicable en matière criminelle, lorsque la Cour estime que la peine a été aggravée en raison d'un des faits qui se trouve dans les motifs et qui n'était pas punissable. De même, si une Chambre a considéré plusieurs faits comme des infractions et que l'un d'eux était licite, sa décision pourra être annulée, s'il paraît probable que sans l'erreur commise la peine aurait été moins grave.

La Cour de cassation a rejeté le pourvoi formé contre une décision d'une Chambre de notaires, bien que cette décision n'eut pas constaté les circonstances dans lesquelles le notaire avait manqué à ses devoirs, attendu que cette décision n'était pas fondée uniquement sur ce point, mais aussi sur le refus persévérant de l'inculpé de se présenter devant la Chambre, malgré des invitations réitérées. (Cass. 30 juillet 1851. Sir. 51. 1. 746).

Ainsi le pourvoi doit être rejeté malgré l'inexactitude d'un motif « si les autres faits du procès suffisent pour justifier la condamnation. » Cass. 20 Juillet 1869. J. du Notariat du 16 février 1870.

Le délai pour former un pourvoi en cassation est celui qui est fixé en matière civile. Il faut s'en référer aux règles contenues dans la loi du 2 Juin 1862. Le délai est donc de deux mois à compter du jour où la signification de la décision, objet du pourvoi, aura été faite à personne ou à domicile.

La signification par lettre du secrétaire ne peut faire courir le délai, que lorsque le condamné en accuse réception et reconnait ainsi que la décision lui a été signifiée. Autrement il faudrait une signification par acte d'huissier.

L'expédition délivrée au condamné sur sa demande ne remplace pas la signification. Dans ce sens il a été jugé que la copie qu'un avocat a pu prendre lui-même de la décision du conseil de l'ordre refusant de l'admettre au tableau, ne suppléée pas à la communication qui doit lui être donnée par le bâtonnier ; cette communication peut seule faire courir contre lui le délai. Aix 15 mars 1866. Sir. 66. 2. 171.

D'après l'art. 2 de la loi du 2 Juin 1862, le demandeur en cassation est tenu de signifier aux défendeurs l'arrêt d'admission par la Chambre des requêtes, dans les deux mois après sa date.

Si le pourvoi est formé par le condamné, il semble que l'arrêt doit être signifié au syndic qui joue le rôle de défendeur. Pourtant un arrêt de la Cour de Cassation a décidé qu'il est valablement signifié au Président de la Chambre parce qu'aucun texte ne donne au syndic attribution exclusive de recevoir les notifications adressées à la Chambre. Cass. 17 novembre 1862 Sir. 63. 1. 100.

Mais un arrêt du 24 janvier 1881 avec plus de raison et conformément aux principes, a décidé que le pourvoi dont une décision disciplinaire est l'objet doit être formé uniquement contre le syndic, qui seul est partie poursuivante contre les officiers publics inculpés, que le Président de la Chambre de discipline ne peut en cette qualité être assigné devant la Cour de Cassation pour voir statuer sur le mérite d'une délibération prise par la juridiction dont il est le chef, mais dont la loi ne l'a point chargé de défendre les décisions, l'orsqu'elles sont attaquées devant une juridiction supérieure. Sir. 81. 1. 417.

Le plaignant est recevable à défendre au pourvoi de l'inculpé. Il a été en effet partie au débat qui s'est terminé par la décision attaquée. Mais il n'est pas nécessaire que l'arrêt d'admission lui soit notifié. Cass. 30 Juin 1856. Sir. 56. 1. 793.

Quelles sont les conséquences du pourvoi en Cassation ?

En matière civile, le pourvoi n'est pas suspensif. Il l'est en matière criminelle. Quelles règles suivre en matière disciplinaire ? Une circulaire ministérielle du 16 août 1849 décide que le pourvoi en cassation n'est pas suspensif des condamnations disciplinaires et notamment de la peine de la destitution.

Lorsque la décision est cassée, la Cour renvoie à une autre Chambre de discipline.

Il en est ainsi quand une chambre s'est déclarée à tort incompétente, quand il y a eu vice de forme.

Mais il n'y aurait pas lieu à renvoi, si une peine a été infligée à raison d'un fait qui n'avait rien d'illicite (Cass. 30 juillet 1850. Sir. 50. 1. 577), si la décision attaquée n'a pas tenu compte de la chose jugée, si la chambre a commis un excès de pouvoir en statuant sur les intérêts pécuniaires du plaignant.

La chambre de renvoi est saisie soit sur la demande du plaignant, soit sur celle de l'inculpé. Le syndic de la chambre dont la décision a été cassée peut inviter le syndic de la seconde chambre à saisir celle-ci. Le Ministère public a le même droit.

Les débats sont recommencés devant la chambre de renvoi. Cette chambre est saisie de tous les faits visés par la décision annulée et même des faits connus postérieurement, lorsqu'ils se rattachent à l'inculpation. 10 août 1864. Sir. 65. 1. 26. L'arrêt est transcrit, à la diligence du Ministère public, sur les registres de la chambre dont la décision a été cassée.

IV. — Y A-T-IL D'AUTRES VOIES DE RECOURS POSSIBLES CONTRE LES DÉCISIONS DES CHAMBRES DE DISCIPLINE ?

Requête civile. — La requête civile est une voie de recours ouverte dans certains cas limitativement énumérés dans l'art. 480 Pr.

Un arrêt de la Cour de Chambéry du 25 janvier 1871 a décidé qu'elle n'était pas admise en matière disciplinaire. Les dispositions législatives n'autorisent pas la voie de la requête civile contre les décisions disciplinaires : comme il s'agit de juridictions exceptionnelles, il n'y a pas lieu de suppléer au silence que la loi a gardé à cet égard. Il s'agit, en effet d'une voie de recours toute d'exception. Les cas qu'elle prévoit se rencontreront rarement en matière disciplinaire. Sir. 71. 2. 140.

Révision. — La loi du 29 juin 1867, modifiant les art. 443 à 447 du code d'instruction criminelle, permet la révision des jugements et arrêts rendus en matière criminelle ou correctionnelle dans les cas qu'elle énumère. Deux de ces cas peuvent se présenter en matière disciplinaire. I. — Après une condamnation, une autre décision a condamné pour le même fait un autre individu et les deux condamnations ne peuvent se concilier.— II.— Un témoin postérieurement à la condamnation a été poursuivi et condamné pour faux témoignage contre l'inculpé.

Mais il semble difficile d'étendre aux matières disciplinaires une mesure exceptionnelle que la loi de 1867 n'autorise qu'en matière criminelle ou correctionnelle.

CHAPITRE DEUXIÈME.

Voies de recours contre les Décisions des Tribunaux.

Nous avons dit plus haut que ces décisions pouvaient avoir été rendues soit par les tribunaux en assemblée générale, soit par les tribunaux en public, à l'occasion de fautes disciplinaires commises ou découvertes à l'audience ou d'infractions commises par les notaires.

§ 1er.

VOIES DE RECOURS CONTRE LES DÉCISIONS DES TRIBUNAUX JUGEANT EN ASSEMBLÉE GÉNÉRALE.

I. — OPPOSITION.

Lorsque l'officier ministériel n'a pas été appelé ou n'a pas été entendu, la décision disciplinaire est par défaut et peut être attaquée par la voie de l'opposition. Ce mode de recours, comme nous l'avons déjà vu, est de droit contre les jugements par défaut toutes les fois qu'un texte ne l'interdit pas. Cass. 20 février 1823. Sir 23. 1. 179.

Or, le décret du 30 mars 1808 ne prohibe pas l'opposition.

Si l'officier ministériel était présent et s'il n'a pas demandé la parole, son silence doit être regardé comme une renonciation au droit de se défendre et il n'est pas recevable à se plaindre d'avoir été condamné sans avoir été entendu. Cass. 28 avril 1820. Sir. 20. 1. 207.

Quand le jugement est-il susceptible d'opposition ? Les règles que nous avons étudiées dans le chapitre précédent sont ici applicables.

L'opposition devra être formée dans les délais fixés par l'art. 157 du code de Procédure civile et dans les formes prescrites par l'art. 161 du même code.

II. — APPEL.

Quant à l'appel, il résulte de l'art. 103 du décret du 30 mars 1808, qu'il n'est pas recevable contre les décisions disciplinaires rendues en assemblée générale.

S'il a été prononcé une peine de discipline intérieure, elle est définitive. Si c'est une peine grave, il ne reste plus comme dernière ressource que le droit de révision du garde des sceaux (même art. 103 *in fine*).

Il en est ainsi, même quand il s'agit d'une décision préparatoire, un déclinatoire par exemple. Il ne peut y avoir lieu de demander à la cour d'appel le renvoi pour cause de suspicion légitime. Les règles ordinaires ne sont pas applicables ici : il ne s'agit pas d'un véritable jugement, mais d'une simple mesure disciplinaire qui n'a point un effet définitif, puisqu'elle ne peut acquérir la force exécutoire que par l'autorité du ministre de la justice (même art. 103 *in fine*. Bordeaux 25 mai 1859. Sir. 59. 2. 692).

III. — POURVOI EN CASSATION.

De même les décisions rendues en assemblée générale ne sont pas en principe soumises aux recours en cassation. En est-il ainsi même au cas d'incompétence ou d'excès de pouvoir ? La jurisprudence décide que c'est au ministre seul qu'appartient le droit de statuer sur la compétence. Cass. 12 février 1813. Sir. 16. 1. 29. — 17 juillet 1823. Sir. 23. 1. 402. — 20 avril 1842. Sir. 42. 1. 536. D'après les arrèts les plus récents, le recours en cassation n'est pàs ouvert contre ces décisions même pour excès de pouvoir. Cass. 19 novembre 1873. Sir. 74. 1. 421.

Le recours en cassation est-il ouvert contre les décisions relatives aux avocats rendues par la cour d'appel. Nous venons de voir que l'art. 103 le refuse aux officiers ministériel jugés par l'assemblée générale, mais c'est que le droit de révision est réservé au garde des sceaux. Le même droit ne lui appartient pas quant aux décisions rendues contre les avocats. De plus, aucune disposition n'interdit le pourvoi en cassation en cette matière. Or, le recours en cassation est le droit commun, lorsqu'aucun texte ne le prohibe, il doit être admis.

La cour de cassation a quelquefois décidé que le pourvoi n'était possible que pour incompétence ou excès de pouvoir ; mais elle a admis des pourvois qui étaient fondés sur une violation de la loi qui ne constituait pas d'excès de pouvoir. — Cass. 22 juillet 1834. Sir 34. 1. 457 ; 5 avril 1841. Sir. 41 1. 289 ; 19 mars 1867. Sir. 67, 1. 155.

Le pourvoi suivra les formes usitées en matière civile. Il n'aura pas d'effet suspensif.

IV. — DROIT DE RÉVISION DU GARDE DES SCEAUX.

L'art. 103 du décret du 30 mars 1808 se termine ainsi : « Notre procureur général rendra compte de tous les actes de discipline à notre grand juge Ministre de la justice, en lui transmettant les arrêtés, avec ses observations, afin qu'il puisse être statué sur les réclamations, ou que la destitution soit prononcée s'il y a lieu. » Il résulte de l'ordre des phrases dans l'art. 103, que les arrêtés dont il parle par *in fine* sont les mesures de discipline prises par les tribunaux en assemblée générale.

Le procureur général transmet la décision disciplinaire au garde des sceaux qui peut la réformer en l'aggravant ou en l'atténuant. Mais il n'est pas nécessaire pour cela qu'un recours ait été formé soit par le condamné, soit par le ministère public. La révision est de droit et l'arrêté disciplinaire ne peut être exécuté que lorsqu'il a été sanctionnépar le ministre de la justice.

S'il n'a pas à former de recours contre la décision, le procureur général peut présenter des observations tendant à ce qu'une peine plus forte soit prononcée par le ministre ; de son côté, l'officier ministériel peut adresser des réclamations au garde des sceaux. La chancellerie l'autorise à produire un mémoire justificatif.

Pourtant on peut se demander si en cette matière le droit de défense est suffisamment sauvegardé. Le ministère public n'est pas obligé de faire connaître à l'officier public les observations par lesquelles il sollicite une aggravation de peine. Il ne lui fait pas savoir non plus à quel moment il adresse au ministre l'arrêté disciplinaire, de sorte qu'il peut être difficile au condamné de faire parvenir à temps ses moyens de justification.

§ 2.

VOIES DE RECOURS CONTRE LES DÉCISIONS RENDUES PAR LES TRIBUNAUX A L'AUDIENCE.

I. — FAUTES D'AUDIENCE.

Les décisions qui portent condamnations pour fautes commises ou découvertes à l'audience, sont-elles susceptibles d'appel. Il faut distinguer entre les condamnations à des peines de discipline intérieure et les condamnations à des peines graves. Les premières sont définitives comme celles que prononcent les chambres de discipline : l'appel n'est pas recevable en ce qui les concerne.

Pour les officiers publics, les peines graves sont la suspension et la destitution. En ce qui concerne cette première peine, l'article 103 du décret du 30 mars 1808 nous dit que l'appel sera recevable dans le cas « où la suspension serait l'effet d'une condamnation prononcée en jugement. » La destitution ne peut être prononcée que contre les notaires dont nous nous occuperons à la fin de ce chapitre.

Pour les avocats, les peines graves sont l'interdiction à temps et la radiation. L'appel leur sera ouvert lorsque le tribunal aura prononcé contre eux une de ces peines. Art. 24 de l'ordonnance du 20 novembre 1822.

A qui sera dévolu l'appel des jugements disciplinaire. Le décret du 30 mars 1808 étant muet sur ce point, laisse par cela même ces appels sous l'empire des règles ordinaires. Or, d'après la jurisprudence de la Cour de cassation, pour déterminer le juge supérieur qui doit connaître d'un appel, il faut consulter la nature de la juridiction qui a prononcé en premier ressort. (Cass. 8 mars 1873. Sir. 74. 1. 137). Concluons que la Chambre civile de la Cour doit connaître des appels dirigés contre les jugements rendus par les tribunaux civils et la chambre correctionnelle des appels des jugements des tribunaux correctionnels.

Des avocats avaient soutenu que l'appel devait être porté devant la Cour siégeant en assemblée générale et à huis-clos, même quand la décision qui les frappait avait été prononcée à l'audience publique par un tribunal civil ou correctionnel. Il est de principe, disaient-ils, qu'il faut revenir en appel devant le juge naturel de la cause, lorsque la nécessité qui a forcé de s'en écarter en première instance n'existe pas à l'égard du juge supérieur. C'est un principe qui est appliqué lorsqu'un délit correctionnel a été commis à l'audience d'un juge civil. L'appel du jugement rendu par ce juge est porté devant la chambre correctionnelle de la Cour. Cass. 7 janv. 1860. Sir. 60. 1. 116. — Pour les avocats, leur juge naturel est en appel l'assemblée générale de la Cour d'après l'art. 27 de l'ordonnance du 20 nov. 1822. C'est devant cette assemblée que doit être porté l'appel, quelle que soit la juridiction qui a statué en premier ressort.

Cette argumentation n'a pas triomphé. Pour savoir qui doit

connaître d'un appel, ce n'est pas la nature de l'affaire qu'il faut considérer, c'est la juridiction qui a prononcé. C'est le juge supérieur hiérarchique du juge qui a prononcé en première instance, qui a compétence pour statuer en appel. — Lorsqu'un juge civil a prononcé une peine correctionnelle, c'est qu'en vertu des art. 505 et suivants du Code d'Instr. cr., il s'est transformé en juge correctionnel. Le principe que nous venons de poser n'est donc pas violé, lorsque l'appel est porté à la chambre correctionnelle. — Enfin, lorsqu'un avocat a été condamné par un tribunal à l'audience, ce n'est pas l'ordonnance de 1822 qui est applicable, c'est l'art. 103 du décret du 30 mars 1808. Or, ce décret ne désigne pas le juge qui connaîtra des appels des jugements disciplinaires rendus à l'audience. Ces appels restent donc sous l'empire des règles ordinaires. Cass. 10 février 1860. Sir. 60. 1. 97.

Le recours en cassation est ouvert aux officiers ministériels contre les décisions rendues à l'audience qui prononcent la suspension, art. 103 du décret de 1808. Les termes de cet article nous portent à décider qu'un recours ne serait pas possible lorsqu'une peine plus légère a été prononcée.

Pourtant, la Cour de cassation n'a pas déclaré inadmissible le pourvoi d'avocats condamnés à des peines légères en vertu de l'art. 103. Cass. 6 août 1844. Sir. 44. I. 577.

Quant à l'opposition, les motifs qui nous ont conduits à l'admettre pour les jugements rendus à l'assemblée générale, ont la même force en cette matière et commandent la même solution.

II. — VOIES DE RECOURS OUVERTES AUX NOTAIRES CONDAMNÉS PAR LE TRIBUNAL CIVIL.

Appel.

Les jugements rendus par le Tribunal civil contre les notaires sont susceptibles d'appel, art. 53, ventôse, an IX. Mais l'appel est-il recevable, si le notaire au lieu d'être jugé par le Tribunal civil a été jugé par le Tribunal en assemblée générale ? Un arrêt de la Cour de cassation du 20 avril 1842, a jugé qu'une décision prise en Chambre du Conseil par un Tribunal, conformément à l'art. 103 du décret de 1808, ne constituait pas un jugement mais un simple arrêté disciplinaire que comme telle cette décision n'était pas susceptible d'appel, et n'était soumise qu'à la révision du Ministère de la Justice Sir. 42, 1. 536.

Quelques auteurs ont soutenu que, dans cette hypothèse l'appel devait être possible. Il s'agit ici, disent-ils, d'un jugement ; qu'il ait été rendu en public ou en Chambre du Conseil, cela est indifférent. Il faut appliquer l'art. 53 de la loi de ventôse an XI, qui permet aux notaires d'attaquer par la voie de l'appel les jugements prononcés contre eux par le Tribunal civil.

Je crois que la Cour de cassation a eu raison de décider qu'il n'y avait pas lieu à appel. En effet, si l'article 53 permet au notaire d'en appeler du jugement disciplinaire, ce n'est pas parce qu'il s'agit d'un notaire mais parce qu'il s'agit d'un véritable jugement contre lequel sont ouvertes les voies de recours dont les jugements sont susceptibles. Mais si le notaire a été jugé conformément à l'art. 103 du décret de 1808, il n'y a plus là de jugement, il n'y a plus qu'un arrêté disciplinaire. L'appel n'est plus possible. L'article applicable n'est plus l'art. 53 de la loi de ventôse an XI, c'est l'art. 103 de la loi de 1808, qui décide que ces mesures ne sont point sujettes à l'appel.

Un notaire ne peut interjeter appel d'un jugement qui l'acquitte, sous prétexte qu'il a été motivé en fait et non en droit.

Le Ministère public a le droit d'interjeter appel et cela même s'il a signifié le jugement. Cette signification ne saurait être considérée comme un acquiescement, le Procureur de la République n'ayant pas le droit de renoncer aux voies de recours qu'il possède contre les jugements. 13 déc. 1824. Sir. 25. 1. 212.

La partie lésée a le droit de faire appel, mais seulement quant à ses intérêts civils. Si la somme réclamée était inférieure à 1,500 francs, la voie de l'appel ne lui est pas ouverte parce que le Tribunal a jugé en dernier ressort. Peu importe qu'il y ait appel formé quant à l'action disciplinaire. Montpellier, 7 mai 1867. Sir. 67. 2. 276.

Le syndic n'a pas le droit d'interjeter appel d'un jugement contraire à une décision de la Chambre. Il en serait ainsi même si le jugement annulait une délibération de la Chambre, ce qui constituerait un excès de pouvoir. Ainsi jugé par la Cour de Caen, le 11 décembre 1826, arrêt confirmé par la Cour de cassation, le 31 août 1831. Sir. 32. 1. 226.

L'appel doit être porté devant une chambre civile de la Cour, attendu qu'il s'agit d'un jugement rendu par un tribunal civil. Cass. 30 juin 1814. Sir. 14. 1. 261. Ainsi que nous l'avons dit précédemment , la juridiction d'appel est déterminée par la juridiction de premier ressort. Sir. 74. 1. 137.

Les délais d'appel sont ceux fixés par l'art. 443. Pr. La Cour de cassation décide en effet que pour l'action disciplinaire, on doit suivre les formes de recours admises en matière civile. Cass. 6 mai 1844. Sir. 44. 1. 561. — Caen, 6 décembre 1858. Sir. 59. 2. 241. — En sens inverse, Montpellier 27 décembre 1852, Sir. 53. 2. 9.

La Cour peut d'office opposer la fin de non recevoir tirée de l'expiration des délais.

L'art. 443 Pr. que nous avons déclaré applicable à l'appel des jugements disciplinaires permet à l'intimé d'interjeter appel incident en tout état de cause. En matière pénale, les art. 203 et 205 Inst. crim. sont muets sur ce point. Aussi la jurisprudence décide-t-elle que l'appel incident ne peut être formé que dans les délais prescrits pour l'appel principal. Cass. 18 mars 1809. Sir. 9. 1. 271. Cass. 12 mai 1855. Sir. 56. 1. 361.

Mais en notre matière, la jurisprudence décidant que les formes de l'appel doivent être régies par le Code de procédure civile, il s'en suit que l'art. 443 doit être applicable dans son entier. Là où l'appel principal n'est plus possible l'appel incident peut néanmoins être formé. C'est ce que décide un arrêt de la Cour de Toulouse du 6 juillet 1874, à propos d'un appel incident formé par le Ministère public. Sir. 75. 2. 300.

Du reste, pour l'inculpé, l'intérêt de la question est moins considérable, si l'on admet comme le fait la jurisprudence en matière correctionnelle, que (lorsque l'inculpé n'a pas appelé du jugement qui l'a condamné) la Cour qui n'est saisie que par l'appel à minima du Ministère public, peut réduire la peine prononcée en première instance centre l'inculpé et même l'acquitter. — Cass. 4 mars 1825. Sir. 26. 1. 50. — 10 mai 1843. Sir. 1. 668.

L'acquiescement de l'inculpé ne met pas d'obstacle à ce qu'il puisse former appel incident. En effet, s'il a accepté le jugement, c'est à cette condition que son adversaire s'en tiendrait là.

Nous avons vu que l'acquiescement du Ministère public ne l'empêchait pas d'interjeter appel. En est-il de même pour l'inculpé ?

Comme tout jugement prononcé contre un notaire est exécutoire nonobstant appel, d'après l'article 53 de la loi de ventôse an XI, le fait de cesser ses fonctions pour un notaire suspendu ou destitué à qui le jugement a été signifié, n'emporte pas acquiescement. Grenoble, 17 février 1853. J. des notaires art. 15110.

Mais si l'inculpé a réellement acquiescé au jugement, il faut néaumoins lui reconnaître le droit de faire appel. La Cour de cassation en matière correctionnelle a décidé que l'appel est d'ordre public et qu'une exécution prématurée, même avec le consentement du condamné ne saurait lui fermer un recours que la loi lui accorde, ni donner au jugement le caractère définitif qu'il ne doit tenir qu'à l'expiration du délai pendant lequel il demeure soumis à l'appel. — 10 juin 1836. Sir. 36. 1. 848.

En matière disciplinaire, l'appel est aussi d'ordre public, car il s'agit de peines qui intéressent à un haut degré l'honneur et la considération de l'inculpé, et celui-ci doit avoir tout le temps que la loi lui accorde pour se pourvoir contre une décision à laquelle il a prématurément acquiescé.

Le Ministère public peut en appeler d'un jugement conforme à ses conclusions. Cass., 20 novembre 1811. Sir. 12.1.128. Les motifs de cet arrêt sont applicables en matière disciplinaire.

Il faut appliquer les formes de l'art. 456 du Code de procédure civile.

Il n'y a pas lieu à consignation de l'amende de fol appel. Décision des Ministres de la Justice et des Finances des 22 et 30 septembre 1851. — Montpellier, 27 déc. 1852. Sir. 53, 2, 9.

Il faut appliquer l'art. 464 Pr. qui défend de former en appel aucune demande nouvelle. Nîmes, 15 mai 1835 rapporté avec Cass. 24 janvier 1837. Sir. 37, 1, 122. Cass. 20 juillet 1841. Sir. 41, 1, 694.

Ce dernier arrêt décide pourtant que les juges d'appel peuvent destituer un notaire pour des faits qui n'ont pas été relevés en première instance.

En matière civile, l'appel est suspensif. Mais l'art. 53 décide que les jugements disciplinaires sont exécutoires par provision. Il y a là une exception qui doit être entendue restrictivement.

Les juges d'appel en matière disciplinaire, lorsqu'ils infirment un jugement, peuvent évoquer le fond et le juger, si la matière est disposée à recevoir une décision définitive. C'est l'art. 473 Pr. qui est applicable ici et non l'art. 215 Inst. crim. Cass., 6 janvier 1835. Sir. 35. 1. 16.— Lyon, 19 avril 1872. Sir. 73. 2. 230.

Pourvoi en cassation.

Les pourvois ne sont recevables que lorsqu'ils sont formés contre les décisions judiciaires en dernier ressort. Les jugements ne peuvent être attaqués par cette voie, puisqu'ils sont susceptibles d'appel. Il ne peut y avoir pourvoi en cassation que contre l'arrêt rendu sur appel d'un jugement disciplinaire. Cass. 20 juillet 1863. Sir. 63. 1. 435.

Le recours en cassation n'est pas proscrit ici comme pour les décisions rendues en assemblée générale. Aussi est-il ouvert non seulement pour incompétence et excès de pouvoir, mais pour toute violation de la loi.

Le Procureur général peut se pourvoir contre un arrêt rendu conformément à ses conclusions. Cass. 20 nov. 1811. Sir. 12. 1. 128.

Le pourvoi de l'inculpé doit être interjeté de la manière requise que pour les affaires civiles. C'est ce qui a été décidé pour un pourvoi d'un avocat contre un arrêt ordonnant sa radiation. Cass. 1ᵉʳ déc. 1829. Sir. 30. 1. 20. — 7 juillet 1836. 36. 1. 659. — La même solution est applicable aux notaires.

Lorsque la partie n'a pas relevé devant la juridiction du deuxième degré, les violations commises par les juges du premier degré, elle n'est pas recevable à proposer ce moyen en cassation. Il a été jugé que le moyen de nullité tiré de ce que les témoins entendus en première instance n'auraient pas prêté serment, ne peut être invoqué devant la cour de cassation lorsqu'il n'a pas été relevé devant les juges d'appel. — Cass. 20 juillet 1869. — Sir. 70. 1. 14. — Cass. 18 février 1845. Sir. 45. 1. 171.

Opposition. — En vertu des principes généraux, les jugements disciplinaires rendus par défaut contre les notaires, peuvent être attaqués par la voie de l'opposition.

Les formes de l'opposition sont celles qui sont indiquées par .e code de procédure civile. Art. 161.

TABLE DES MATIÈRES.

DES POURSUITES DISCIPLINAIRES.

POSITIONS.

DROIT ROMAIN.

I. — La *conditio furtiva* n'était pas une action pénale.

II. — C'est au moment de la *litis contestatio* que *l'infitiatio* produit son effet dans les actions qu'elle porte au double.

III. — Dans la controverse qui a existé entre les jurisconsultes romains sur la question du cumul des actions pénales, c'est la doctrine du cumul absolu qui a prévalu.

IV. — Pour qn'il y ait mise en demeure, il faut qu'il y ait faute de la part du débiteur.

V. — La règle : *Dies interpellat pro homine* n'était pas admise en droit romain.

VI. — Dans les actions de droit strict, pour évaluer la valeur de la chose, le juge devait se placer au moment de la *litis contestatio.*

VII. — Les lois 27 pr. de *pactis* D. lib. 2. t. 4 et 31, § 1 de *novat.* lib. 46, t. 2 sont inconciliables.

DISCIPLINE.

I. — L'action disciplinaire n'est ni une action publique ni une action civile.

II. — L'action disciplinaire est imprescriptible.

III. — La dissimulation de prix qui s'est produite dans une cession d'office peut donner lieu à des poursuites disciplinaires.

IV. — Le syndic peut se pourvoir en cassation contre une décision de la chambre de discipline.

V. — Lorsqu'un jugement disciplinaire a été rendu par le tribunal civil, c'est devant la chambre civile de la Cour que l'appel doit être porté.

VI. — Pour que le conseil de l'ordre des avocats puisse valablement délibérer, il suffit que la majorité de ses membres soient présents.

VII. — Lorsque le ministère public a requis contre un notaire la suspension ou la destitution, le tribunal peut prononcer une peine de discipline intérieure.

DROIT CIVIL.

I. — En matière de vente sur saisie immobilière, c'est le débiteur saisi qui est tenu de la garantie.

II. — L'effet déclaratif du partage s'applique même à un acte qui ne fait cesser l'indivision qu'entre quelques-uns des copropriétaires.

III. — Dans le cas de destitution de l'acquéreur d'un office, le vendeur non payé n'a pas de privilège sur l'indemnité que le nouveau titulaire a du payer comme condition de sa nomination.

IV. — Les créanciers héréditaires, qui ont demandé la séparation des patrimoines, peuvent en cas d'insuffisance des biens de la succession, concourir avec les créanciers de l'héritier sur les biens propres de ce dernier.

V. — La femme peut se faire autoriser par la justice à publier une œuvre littéraire en cas de refus du mari.

DROIT INTERNATIONAL.

I. — La loi du divorce est un statut personnel.

II. — Les formalités requises pour la vente des biens de mineurs dépendent du statut personnel.

III. — L'individu né en Belgique de parents français, qui a opté pour la nationalité belge, reste soumis au service militaire en France.

IV. — Le juge français, qui reçoit une commission rogatoire d'un tribunal étranger, doit l'exécuter d'après les formes usitées en France.

V. — La loi qui régit l'obligation née d'un délit est un statut réel.

VI. — La loi qui permet de rescinder la vente pour cause de lésion est un statut personnel.

<table>
<tr><td>Vu par le Président,</td><td>Vu par le Doyen,</td></tr>
<tr><td>E. GARSONNET.</td><td>Ch. BEUDANT.</td></tr>
</table>

Vu et permis d'imprimer :

Le Vice-Recteur de l'Académie de Paris,

GRÉARD.

www.ingramcontent.com/pod-product-compliance
Ingram Content Group UK Ltd.
Pitfield, Milton Keynes, MK11 3LW, UK
UKHW021519090726
13657UKWH00001B/343